KSIĄŻKA Z PRZEPISAMI NA NAJLEPSZY SUSZACZ

Ożyw swoją spiżarnię dzięki 100 suszonym produktom

Michał Kwiatkowski

Prawa autorskie ©2023

Wszelkie prawa zastrzeżone

Żadna część tej książki nie może być wykorzystywana ani rozpowszechniana w jakiejkolwiek formie i w jakikolwiek sposób bez odpowiedniej pisemnej zgody wydawcy i właściciela praw autorskich, z wyjątkiem krótkich cytatów użytych w recenzji. Niniejsza książka nie powinna być traktowana jako substytut porady lekarskiej, prawnej lub innej porady zawodowej.

SPIS TREŚCI

SPIS TREŚCI 3
WSTĘP 6
CHIPSY I KRAKERSY 7
   1. Solone chipsy lniane 8
   2. Chipsy Chipotle-Kale 10
   3. Chipsy Cheddar-Kale 12
   4. Podstawowy kraker lniany 14
   5. Krakers z lnu pomidorowego 16
ORZECHY, NASIONA I ZIARNA 18
   6. Suszona Fasola 19
   7. Orzeszki ziemne chili z Teksasu 21
   8. Kandyzowane orzechy włoskie klonowe chipotle 23
   9. Orzechy włoskie kandyzowane z imbirem 25
  10. Mieszanka szlaków owocowych 27
  11. Migdały Tamari 29
  12. Migdały suszone kakaowe 31
  13. Nori grzanki 33
  14. Lepkie orzechy pekan z klonu i pieprzu 35
  15. Klon i przyprawiony orzech pekan 37
  16. Suszone orzeszki ziemne 39
  17. Suszone Chai Macadamias 41
  18. Orzechy inspirowane kuchnią azjatycką 43
  19. Suszona granola 45
  20. Suszone i sezonowane nasiona słonecznika 47
  21. Suszony sezam 49
  22. Suszone pistacje 51
  23. Batony z granolą dyniową 53
Ciasto na pizzę i quiche 55
  24. Ciasto na pizzę gryczaną 56
  25. Pomidorowy spód pizzy 58
  26. Ciasto na pizzę z oregano 60
  27. Surowe ciasto na quiche 62
MIĘSO, RYBY I JERKIES 64
  28. Suszony Hamburger Wołowy 65
  29. Suszona wołowina z ziołami i czosnkiem 67
  30. Suszony klon i Dijon 69
  31. Suszony kurczak 71
  32. Mięso z grilla i mango; Suszony Mango 73
  33. Paski BBQ Jerky 75

34. Suszona wołowina z sosem Worcestershire 77
35. Suszona wołowina z pomarańczą 79
36. Pastrami Jerky 81
37. Suszony Łosoś Z Sosem Teriyaki 83
38. Wędzone Meksykańskie Jerky 85
39. Suszony Indyk Z Płatkami Czerwonego Chili 87
40. Suszona wołowina o smaku harisy 89
41. Słodko-pikantna suszona wołowina 91
42. Beef Jerky sezonowany w Worcestershire 93
43. Suszona wołowina z czosnkiem 95
44. Suszony Wieprzowina i Sos Chipotle 97
45. Suszona wołowina bulgogi 99
46. Suszona Jagnięcina 101
47. Suszony boczek wędzony z ziołami 103
48. Suszony Cytrynowy Rybny 105
49. Suszony Łosoś 107
50. Suszony dziczyzna 109
51. Suszony Wieprzowina Cajun 111
52. Sriracha Jerky z klonu wołowego 113
53. Mesquite Wędzony suszony 115
54. Tajskie curry Suszona wieprzowina 117
55. Suszony dorsz pieprzowy 119
56. Suszony rybny pieprz cytrynowy 121
57. Suszony Kurczak Wędzony 123
58. Suszony bakłażan 125
59. Suszona wołowina sojowa z czosnkiem 127
60. Jerky Jamajski 129
61. Suszona wołowina bawola 131
62. Brazylijski BBQ Jerky 133
63. Słodki suszony suszony 135
64. Suszony Łosoś Wędzony 137
65. Suszony dorsz Cajun 139

OWOCE, WARZYWA I SKÓRY 141
66. Czekoladowa Skóra Bananowa 142
67. Skóra owocowa jabłka figowego 144
68. Suszony szczypiorek 146
69. Truskawkowa korzenna skóra owocowa 148
70. Skóra brzoskwiniowa 150
71. Cukierkowe plasterki arbuza 152
72. Brzoskwinie Miodowe z Bourbonem 154
73. Skóra owocowa czarno-jagodowa 156

74. Skóra owocowa klonu winogronowego 158
75. Odwadniająca słodka papryka 160
WEGAŃSKIE PRZEPISY SUSZANE 162
76. Tofu suszone 163
77. Suszony kurczak tofu 165
78. Chili z czerwonej soczewicy 167
79. Suszone tajskie zielone curry 169
80. Tajskie czerwone curry 171
81. Twaróg cytrynowy z jajkiem 173
82. Suszony boczek kokosowy 175
83. Papryka wegańska i niefaszerowana 177
84. Zupa pomidorowa 179
85. Sałatka z kuskusem i salsą mango 181
86. Mahallo Macadamia pilaw z komosy ryżowej 183
87. Surowe bułki C innamon 185
88. Bułka tarta odwodniona 187
89. Naleśniki bananowo-lenowe 189
90. Suszona dynia ozima 191
91. Naleśniki z jabłkami 193
92. Naleśniki brazylijskie orzechowo-bananowe 195
93. Quiche szpinakowe 197
94. Quiche szparagowo-grzybowe 199
95. Quiche Brokułowo-Cheddar Z Boczkiem Kokosowym 201
96. Ciasteczka Gryczane 203
97. Kalamata Oliwkowe Crostini 205
98. Smażone krążki cebulowe w panierce gryczanej 207
99. Panierowane paluszki z cukinii 209
100. Papryka „Pieczona" 211
WNIOSEK 213

WSTĘP

Witamy w książce kucharskiej KSIĄŻKA Z PRZEPISAMI NA NAJLEPSZY SUSZACZ, Twojej bramie do świata kulinarnych rozkoszy suszonych. Suszenie to tradycyjna metoda zachowania żywego smaku owoców, warzyw, ziół i nie tylko. W tym obszernym przewodniku przedstawimy Ci skarbnicę 100 suszonych produktów, które nie tylko ożywią Twoją spiżarnię, ale także podniosą Twoje umiejętności kulinarne.

Odwadnianie to coś więcej niż tylko konserwowanie żywności; to podróż, która może prowadzić do zdrowszego, smaczniejszego i bardziej zrównoważonego odżywiania. Dzięki mocy suszarki możesz tworzyć przekąski, przyprawy i składniki wolne od dodatków i konserwantów. Będziesz zaskoczony odważnymi i skoncentrowanymi smakami, które odwodnienie może odblokować.

Od suszonych na słońcu pomidorów pełnych śródziemnomorskich smaków po pikantne plasterki suszonego mango, które przeniosą Cię do tropików – w tej książce znajdziesz wszystko. Dołącz do nas, gdy będziemy odkrywać sztukę suszenia, oferując niezbędne wskazówki i techniki, które zapewnią Ci sukces w kuchni. Omówimy wybór odpowiedniego sprzętu, przygotowanie składników i przechowywanie suszonych skarbów. Niezależnie od tego, czy jesteś doświadczonym specjalistą od suszenia, czy dopiero zaczynasz, ta książka będzie Twoim zaufanym towarzyszem w tej kulinarnej przygodzie.

Przygotuj się na podróż pełną smaku i odkryć, ożywiając swoją spiżarnię rozkoszami suszonych produktów. Jesteśmy tutaj, aby poprowadzić Cię przez tę aromatyczną eksplorację, pomagając nadać potrawom nowy poziom wibracji, wartości odżywczych i wygody. Zacznijmy!

CHIPSY I KRAKERSY

1. Solone chipsy lniane

Daje: 32 ŻETONY

SKŁADNIKI:
1 szklanka posiekanego selera
1 ¾ szklanki mączki lnianej
2 łyżki suszonego oregano
1 ½ szklanki przefiltrowanej wody
1 łyżeczka grubej soli morskiej

INSTRUKCJE
Włóż seler, len, oregano i wodę do wysokoobrotowego blendera. Mieszaj, aż będzie gładka.
Rozłóż równomiernie na jednej wyłożonej tacą odwadniacza o powierzchni 14 cali kwadratowych. Posyp solą morską.
Suszyć przez 5 do 6 godzin w temperaturze 104°F. Odwróć i podziel na cztery poziome i pionowe rzędy. Następnie podziel każdy kwadrat po przekątnej na pół na dwa trójkątne żetony. Suszyć przez kolejne 6 do 8 godzin, aż będą suche i chrupiące.

2.Chipsy Chipotle-Kale

SKŁADNIKI:
6 szklanek małych kawałków jarmużu, ciasno zapakowanych (1 pęczek)
3 łyżki syropu z agawy
2 łyżki oliwy z oliwek extra virgin
½ łyżeczki soli morskiej
½ do 1 łyżeczki sproszkowanego chipotle

INSTRUKCJE
Wszystkie składniki umieścić w dużej misce, dodać chipotle do smaku i dobrze wymieszać.
Rozłóż na dwóch tacach odwadniających o powierzchni 14 cali kwadratowych i susz w temperaturze 104°F przez 4 do 6 godzin, aż do wyschnięcia.

3.Chipsy Cheddar-Kale

SKŁADNIKI:
1 szklanka czerwonej papryki, pozbawionej nasion i posiekanej
1 szklanka orzechów nerkowca
2 łyżki drożdży odżywczych
W razie potrzeby 2 do 4 łyżek wody
2 łyżki syropu z agawy
1 łyżka oliwy z oliwek
½ łyżeczki soli morskiej
6 szklanek małych kawałków jarmużu, ciasno zapakowanych (1 pęczek)

INSTRUKCJE
Do blendera włóż czerwoną paprykę, a następnie pozostałe składniki oprócz jarmużu. Mieszaj, używając tylko takiej ilości wody, aby uzyskać gęsty krem.
W dużej misce wymieszaj mieszankę pieprzu z jarmużem, równomiernie ją pokrywając.
Rozłóż jarmuż na dwóch tacach suszarki o powierzchni 14 cali kwadratowych i susz w temperaturze 104°F przez 8 do 10 godzin.

4. Podstawowy krakers lniany

Na: 9 KRAKIERÓW

SKŁADNIKI:
2 szklanki siemienia lnianego
2 szklanki przefiltrowanej wody
1 łyżeczka soli morskiej lub do smaku (opcjonalnie)

INSTRUKCJE
W misce wymieszaj siemię lniane z wodą i solą. Zauważysz, że ciasto staje się lepkie, a nasiona zaczynają się łączyć, tworząc ciasto. Dodaj trochę więcej wody, jeśli ciasto stanie się zbyt gęste, aby je rozsmarować, ale nie chcesz, aby ciasto było wodniste.
Rozłóż ciasto równomiernie na wyłożonej papierem blaszce do suszenia o powierzchni 14 cali (wyłóż ją pergaminem). Ciasto powinno mieć grubość ⅛ cala.
Suszyć przez 5 do 6 godzin w temperaturze 104°F. Przełóż krakersy bezpośrednio na siatkową tacę, a następnie zdejmij podszewkę lub papier. Za pomocą noża do masła natnij linie w cieście, aby podzielić ciasto na krakersy na dziewięć kwadratów. Suszyć przez kolejne 3 do 4 godzin lub do całkowitego wyschnięcia i chrupkości, następnie wyjąć z blachy i zgiąć wzdłuż linii nacięcia, aby pokroić na plasterki.

5.Krakers z lnu pomidorowego

Na: 9 KRAKIERÓW

SKŁADNIKI:
2 szklanki siemienia lnianego
2 szklanki pomidorów
1 łyżeczka mielonego czosnku
1 szklanka wody lub według potrzeby

INSTRUKCJE
Wszystkie składniki umieścić w robocie kuchennym i dobrze wymieszać, dodając tyle wody, aby uzyskać konsystencję ciasta nadającego się do smarowania.
Rozłóż ciasto równomiernie na wyłożonej 14-calową kwadratową tacą odwadniacza. Ciasto powinno mieć grubość ⅛ cala.
Suszyć przez 5 do 6 godzin w temperaturze 104°F. Przełóż krakersy bezpośrednio na siatkową tacę i zdejmij warstwę wewnętrzną. Za pomocą noża do masła natnij linie w cieście, aby podzielić krakersa na dziewięć kwadratów. Suszyć przez kolejne 3 do 4 godzin lub do całkowitego wyschnięcia i chrupkości, następnie wyjąć z blachy i zgiąć wzdłuż linii nacięcia, aby pokroić na plasterki.

ORZECHY, NASIONA I ZIARNA

6.Suszonej fasoli

SKŁADNIKI:
- Świeża fasola, dowolna; 1 puszka lub 16 uncji

INSTRUKCJE:
a) Fasolę namoczyć na godzinę lub dwie i usunąć łupiny. Jeśli używasz fasoli z puszki, pomiń ten krok.
b) Blanszując fasolę, podgrzej ją i gotuj przez minutę, po czym odlej wodę.
c) Suszyć fasolę w temperaturze 125 stopni przez 9 do 13 godzin.

7.Orzeszki ziemne chili z Teksasu

SKŁADNIKI:
- Oregano mielone; 1/8 łyżeczki
- Kminek mielony; 1 łyżeczka
- Orzeszki ziemne niesolone i prażone; 1 słoik; 16 0z.
- Chili w proszku; 1 ½ łyżeczki
- Czerwona papryka; ½ łyżeczki
- Woda; ½ szklanki
- Ostry sos paprykowy; ¼ szklanki

INSTRUKCJE:
a) Połącz wszystkie składniki w misce (orzechy należy namoczyć przez noc i odcedzić).
b) Umieść je na arkuszu suszarki i przetwarzaj przez 3 do 5 godzin w temperaturze 145 stopni.

8. Klonowe kandyzowane orzechy włoskie Chipotle

SKŁADNIKI:
- Surowe orzechy włoskie, 2 szklanki
- Cynamon; ½ łyżeczki
- Cukier klonowy; drobno zmielony; ½ szklanki
- Sól
- Proszek chipotle; ½ łyżeczki
- Woda; 3 do 4 filiżanek

INSTRUKCJE:
a) Orzechy włoskie namoczyć w misce na 3–4 godziny. Odlej wodę i umyj je. Weź kolejną miskę i wymieszaj orzechy włoskie z pozostałymi składnikami.
b) Rozłóż równą warstwę dobrze posypanych orzechów włoskich na tacy suszarki i susz przez 10 godzin w temperaturze 115 stopni.
c) Spraw, żeby były chrupiące.

9.Orzechy włoskie kandyzowane z imbirem

Ilość: 2 filiżanki

SKŁADNIKI:
- ¼ szklanki syropu z agawy
- 1 łyżeczka soli morskiej
- 1 łyżka startego świeżego imbiru lub 1 łyżeczka mielonego
- 2 szklanki połówek orzechów włoskich

INSTRUKCJE

a) Syrop, sól i imbir umieścić w misce miksującej i dobrze wymieszać. Dodaj orzechy pekan i wymieszaj, aby dobrze je pokryć.

b) Rozłóż orzechy pekan na wyłożonej wykładziną tacy do suszenia o powierzchni 14 cali kwadratowych i susz przez 2 do 4 godzin w temperaturze 30°C, aż do wyschnięcia.

10. Mieszanka szlaków owocowych

SKŁADNIKI:
- Orzechy włoskie; 1 filiżanka
- Suszone owoce; 1 szklanka dowolnego i posiekanego
- Kardamon ½ łyżeczki
- Migdały; 1 filiżanka
- Jagody goji; ½ szklanki
- Nasiona konopii; 2 łyżki
- Daktyle Deglet, bez pestek; ½ szklanki
- Cynamon; ½ łyżeczki
- Pieprz cayenne; 1 szczypta
- Surowe Morwy; ½ szklanki

INSTRUKCJE:
a) Najpierw odwodnij wszystkie owoce, jeśli nie są wysuszone, a orzechy namocz przez minimum 6 godzin i posiekaj.
b) Rozłóż owoce i orzechy na tacy suszarki i susz je przez 2 do 3 godzin w temperaturze 145 stopni.
c) Kiedy już to zrobisz, wyjmij je, wymieszaj i przechowuj w zamykanej torbie lub szklanym słoiku.

11. Migdały Tamari

Ilość: 2 filiżanki

SKŁADNIKI:
- ¼ szklanki Nama Shoyu lub Bragg
- Płynne aminokwasy
- 1 łyżka proszku cebulowego
- ½ łyżeczki soli morskiej
- 2 szklanki migdałów

INSTRUKCJE
a) Umieść Nama Shoyu, proszek cebulowy i sól w misce miksującej i dobrze wymieszaj. Dodaj migdały i wymieszaj, aby dobrze je pokryły.
b) Rozłóż migdały na wyłożonej wykładziną tacy do suszenia o powierzchni 14 cali kwadratowych i susz przez 2 do 3 godzin w temperaturze 104°F lub do momentu wyschnięcia.

12. Suszone migdały kakaowe

SKŁADNIKI:
- Proszek kakaowy; 2 łyżki
- Surowe migdały; 2 kubki
- Sól
- Olej kokosowy; 1 ½ łyżki
- Agawa; ¼ szklanki

INSTRUKCJE:
a) Migdały namoczyć na noc w osolonej wodzie, odcedzić i wysuszyć na powietrzu.
b) Wszystkie pozostałe składniki wymieszaj z roztopionym olejem kokosowym i polej nim suszone na powietrzu migdały. Dokładnie je wrzuć.
c) Na tacy suszarki rozłóż powlekane migdały na jednej tacy i poddawaj procesowi przez 8 do 12 godzin w temperaturze 125 stopni.

13. Nori grzanki

Ilość: 9 porcji

SKŁADNIKI:
- 1/3 szklanki suszonej kaszy gryczanej
- 1 szklanka mączki lnianej
- 2 szklanki przefiltrowanej wody
- ¼ szklanki posiekanego nori lub płatków lawowych
- ½ szklanki brązowego siemienia lnianego

INSTRUKCJE

a) Kaszę gryczaną zmiel na proszek; odłożyć na bok.
b) Włóż len i wodę do wysokoobrotowego blendera i dobrze wymieszaj. Dodaj proszek gryczany; wymieszać, żeby dobrze wymieszać. Dodać nori i całe siemię lniane. Delikatnie wstrząśnij, aby wymieszać, uważając, aby nie wymieszać. Chcesz zachować nori i siemię lniane w całości.
c) Rozłóż równomiernie na wyłożonej wykładziną tacy odwadniacza o powierzchni 14 cali.
d) Suszyć przez 7 godzin w temperaturze 104°F. Odwróć, zdejmij podszewkę i pokrój w kwadraty o średnicy ½ cala. Susz przez kolejne 6 do 8 godzin, aż do uzyskania pożądanej konsystencji.

14. Lepkie Pekany Klonowo-Pieprzowe

Ilość: 2 filiżanki

SKŁADNIKI:
- ¼ szklanki syropu klonowego lub z agawy
- 1 łyżeczka soli morskiej
- ½ łyżeczki cayenne
- 2 szklanki połówek orzechów pekan

INSTRUKCJE
a) Syrop, sól i cayenne włóż do miski i dobrze wymieszaj.
b) Dodaj orzechy pekan i wymieszaj, aby dobrze je pokryć.
c) Rozłóż orzechy pekan na wyłożonej 14-calową kwadratową tacą do suszenia i susz przez 2 do 4 godzin w temperaturze 30°C, aż do wyschnięcia.

15. Klon Przyprawiony Orzech Pekan

SKŁADNIKI:
- Woda
- Cynamon; 3 łyżeczki
- Syrop klonowy; ½ szklanki
- Gałka muszkatołowa; 1/8 łyżeczki
- Połówka orzecha pekan; 3 filiżanki

INSTRUKCJE:
a) Orzechy pekan namoczyć w wodzie na noc, odcedzić, umyć i wysuszyć na powietrzu. Po upieczeniu wymieszaj je z pozostałymi składnikami, tak aby każdy kawałek był równomiernie pokryty.
b) Rozłóż posypane orzechy pekan na tacy suszarki i przetwarzaj je w temperaturze 105 stopni przez 12 do 14 godzin. Można je przechowywać przez 3 miesiące.

16. Suszone orzeszki ziemne

SKŁADNIKI:
- Orzeszki ziemne; 1 torba

INSTRUKCJE:
a) Usuń łupiny z orzeszków ziemnych i umieść je na tacy suszarki. Jeśli chcesz, możesz również posypać miodem lub solą.
b) Rozłóż je na tacy suszarki i przetwarzaj w temperaturze 125 stopni, aż staną się chrupiące.

17. Suszone Chai Macadamia

SKŁADNIKI:
- sól himalajska; ¼ łyżeczki
- Cukier kokosowy; 1/3 szklanki
- Orzechy makadamia; 4 filiżanki
- garam masala; 2 łyżki
- Proszek cynamonowy; 2/4 łyżeczki
- Waniliowa przeszłość; 2 łyżeczki

INSTRUKCJE:
a) Orzechy namoczyć w wodzie na 2 godziny. w międzyczasie weź miskę i wymieszaj pozostałe pozostałe składniki. W ten sposób powstaje proszek chai. Po namoczeniu posyp nimi orzechy i dokładnie je wymieszaj.
b) Ułóż je w równych warstwach na tacach suszarki; z łatwością zapełni 2 tace bez nakładania się na siebie. Susz je przez godzinę w temperaturze 149 stopni i obniż temperaturę do 110 stopni na 16 godzin.
c) Pozwól im ostygnąć przed przechowywaniem.

18. Orzechy inspirowane kuchnią azjatycką

SKŁADNIKI:
- Mielonego imbiru; ¼ łyżeczki
- Woda; ¼ szklanki
- Olej sezamowy; 1 ½ łyżeczki
- Sos sojowy; 1/3 szklanki
- Proszek pięciu przypraw; ½ łyżeczki
- Prażone orzeszki ziemne; 16 uncji

INSTRUKCJE:
a) Połączyć i ubić wszystkie składniki.
b) Dodać orzechy i wymieszać. Po zakończeniu odstaw na co najmniej 8 godzin lub na całą noc.
c) Odcedź nadmiar płynów i umieść je na tacy suszarki na 5 godzin w temperaturze 135 stopni.

19. Suszona granola

SKŁADNIKI:

- Płatki owsiane; 3 filiżanki
- Gałka muszkatołowa; ¼ łyżeczki
- Surowe pestki dyni; 1 szklanka surowego
- Ziarna słonecznika; 1 szklanka surowego
- Otręby owsiane; ¼ szklanki
- Orzechy włoskie, pekan lub migdały,
- Cynamon; 1 łyżeczka
- Orzech kokosowy; 1 filiżanka
- Miód; ½ szklanki
- Woda; ½ szklanki
- Olej kokosowy stopiony; ½ szklanki

INSTRUKCJE:

a) Wymieszaj miód, wodę i olej kokosowy, a następnie dodaj pozostałe składniki. Umieść je na tacy do suszenia i rozprowadź, aby utworzyć gładką warstwę i uformuj warstwę o grubości ¼ cala.
b) Suszyć przez 18 godzin w temperaturze od 105 do 115 stopni.

20. Suszone i sezonowane nasiona słonecznika

SKŁADNIKI:
- Nasiona słonecznika, surowe i łuskane; 2 kubki
- Płatki czerwonej papryki, mielone; ¼ łyżeczki
- Proszek cebulowy; ½ łyżeczki
- Czosnek w proszku; ½ łyżeczki
- Sos sojowy; 1 łyżka
- Oliwa z oliwek; 2 łyżki
- sól selerowa; ½ łyżeczki

INSTRUKCJE:
a) Nasiona słonecznika namoczyć przez noc, odcedzić wodę i dokładnie wypłukać. Wymieszaj oliwę z oliwek, przyprawy i sos sojowy i dobrze je wymieszaj. Weź nasiona i wrzuć je do mieszanki.
b) Na tacy suszarki umieść nasiona i pozostaw je do wyschnięcia na 12 do 18 godzin w temperaturze 105 do 115 stopni.

21. Suszone nasiona sezamu

SKŁADNIKI:
- Woda; 1 filiżanka
- Nasiona sezamu prażone; ½ szklanki
- Nasiona lnu; ½ szklanki
- Suszony tymianek; ½ łyżeczki
- Czosnek w proszku; ½ łyżeczki
- Sól morska; ½ łyżeczki
- Czarny sezam; ½ łyżeczki

INSTRUKCJE:
a) Weź miskę, wymieszaj wszystkie nasiona z wodą i dobrze wymieszaj, aż się połączą. Odstawiamy na 15 minut, aż konsystencja będzie podobna do budyniu.
b) Po zakończeniu wylej ciasto na tacę do suszenia, zapewniając grubość ¼ cala. Przetwarzaj początkowo przez 8 do 12 godzin, po tym czasie przewróć je i ponownie susz przez kolejne 8 godzin.

22. Suszone pistacje

SKŁADNIKI:
- Pistacje, namoczone; 1 filiżanka
- Kolendra suszona; 1 łyżeczka
- Cayenne; ¼ łyżeczki
- Syrop klonowy; 2 łyżki
- Sól morska; ¼ łyżeczki
- Imbir mielony; ¼ łyżeczki
- Cynamon; ¼ łyżeczki
- Kminek mielony; ¼ łyżeczki

INSTRUKCJE:
a) Orzechy namoczyć w wodzie na noc, opłukać i odstawić. Do miski dodaj syrop klonowy, kolendrę, sól, imbir i inne składniki i dobrze je wymieszaj. dodać namoczone pistacje i obtoczyć je przyprawą.
b) Dobrze wymieszaj, upewniając się, że każdy kawałek jest odpowiednio pokryty przyprawami.
c) Po zakończeniu umieść go na tacy suszarki i pozostaw do wyschnięcia na 8 do 10 godzin w temperaturze 105 stopni. Przechowuj je w szczelnym pojemniku.

23. Batony z granolą dyniową

SKŁADNIKI:
- Płatki owsiane; 5 filiżanek
- Nasiona dyni; 1 filiżanka
- Płatki kokosowe; ¼ szklanki
- Sól
- Cynamon; 2 łyżeczki
- Przyprawa do placków dyniowych; 1 łyżka
- Olej kokosowy; 2 łyżki
- Organiczny puree z dyni; ½ szklanki
- Nasiona lnu; ¼ szklanki
- Organiczna dynia; ½ szklanki
- Migdałowy; ½ szklanki
- Orzechy pekan; ½ szklanki
- Złote rodzynki; ½ szklanki

INSTRUKCJE:
a) Wymieszaj w misce płatki owsiane, pestki dyni, nasiona lnu, kokos, migdały, orzechy pekan, przyprawy i sól i dobrze je wymieszaj.
b) W drugiej misce wymieszaj syrop klonowy, olej kokosowy i puree z dyni i wymieszaj. oba składniki połączyć i dokładnie wymieszać.
c) Na tackę suszarki wylej równomiernie tę mieszaninę, upewniając się, że nie ma pęcherzyków powietrza, i pozostaw ją do przetworzenia w temperaturze 115 stopni przez 8 do 12 godzin.

SKÓRKA PIZZY I QUICHE

24. Ciasto na pizzę gryczaną

Ilość: 9 porcji

SKŁADNIKI:
- ½ szklanki suszonych chrupek gryczanych
- 3 szklanki posiekanego selera
- 2 łyżki oliwy z oliwek
- ½ łyżeczki soli morskiej
- 1 szklanka wody
- 1 szklanka mączki lnianej

INSTRUKCJE
a) Zmiel chrupki gryczane na proszek, odłóż na bok.
b) Włóż seler, oliwę z oliwek, sól i wodę do wysokoobrotowego blendera. Mieszaj, aż będzie gładka. Dodaj mąkę lnianą i dobrze wymieszaj. Dodać proszek gryczany i dobrze wymieszać.
c) Nałóż ciasto na wyłożoną papierem tacę do suszenia o powierzchni 14 cali. Rozłóż ciasto równomiernie na całej powierzchni.
d) Suszyć przez 10 godzin w temperaturze 104°F. Odwróć i nadaj mu pożądany kształt – okrągły placek lub dziewięć plasterków. Suszyć przez kolejne 4 do 6 godzin, aż skórka uzyska pożądaną konsystencję.

25. Pomidorowy spód pizzy

Ilość: 9 porcji

SKŁADNIKI:
- ½ szklanki mączki lnianej
- 1 ½ szklanki posianych i posiekanych świeżych pomidorów
- ½ łyżeczki soli morskiej
- 1 szklanka przefiltrowanej wody
- 1 szklanka całego siemienia lnianego

INSTRUKCJE
a) W blenderze wysokoobrotowym umieść siemię lniane, pomidory, sól i wodę. Mieszaj, aż będzie gładka. Dodać całe siemię lniane i delikatnie wymieszać.
b) Rozłóż ciasto równomiernie na wyłożonej 14-calową kwadratową tacą odwadniacza.
c) Suszyć przez 6 do 8 godzin w temperaturze 104°F. Odwróć, podziel na dziewięć plasterków, następnie odwodnij przez kolejne 4 do 6 godzin lub do momentu, aż skórka uzyska pożądaną konsystencję.

26. Ciasto na pizzę z oregano

Ilość: 9 porcji

SKŁADNIKI:
- 1 ½ szklanki posiekanego selera
- 1 ½ szklanki mączki lnianej
- 3 łyżki suszonego oregano
- 1 ½ szklanki przefiltrowanej wody

INSTRUKCJE
a) Wszystkie składniki zmiksuj w wysokoobrotowym blenderze.
b) Rozłóż ciasto w okrąg na wyłożonej 14-calową kwadratową tacą odwadniacza.
c) Odwodnij przez 6 godzin. Odwróć i susz przez kolejne 6 godzin lub do wyschnięcia.
d) Mielenie czosnku
e) KOCHAM CZOSNEK, ale obieranie i siekanie może być uciążliwe, gdy nie mam dużo czasu. Prostym sposobem na obranie czosnku jest umieszczenie go na desce do krojenia i dociśnięcie płaską stroną noża, aby go rozbić. Następnie obierz ze skóry.
f) Aby rozdrobnić czosnek, użyj widelca. Połóż obrany czosnek na desce do krojenia. Dociśnij płaską krawędzią widelca, rozgnieć i posiekaj czosnek.

27.Surowe ciasto quiche t

Ilość: 4 porcje

SKŁADNIKI:
- 1 przepis Ciasto na chleb z cukinii

INSTRUKCJE

a) Włóż ciasto do standardowego naczynia na ciasto o średnicy 9 cali. Rozprowadź równomiernie po dnie i bokach palcami lub wilgotną łyżką.

b) Umieść naczynie na ciasto w suszarce i susz w temperaturze 104°F przez 12 do 14 godzin. Zmieści się w Excalibur, jeśli pominiesz jedną z tac, aby zapewnić więcej miejsca nad głową.

c) Alternatywnie, bezpośrednio na wkładce suszarki można uformować płaskie krążki z podwyższonymi krawędziami, nawiązujące kształtem do spodu pizzy lub tarty.

d) Chcesz, aby krawędzie były suche, ale nie ma problemu, jeśli środek nie jest w 100% suchy przed użyciem. Użyj tej skorupy jako bazy do następujących nadzień.

MIĘSO, RYBY I JERKIES

28. Hamburger Wołowy Jerky

SKŁADNIKI:
- Keczup; ½ szklanki
- Mielona chuda wołowina; 5 funtów
- Przyprawa akcentująca; 2 ¼ łyżeczki
- Brązowy cukier; 3 łyżeczki
- Pokruszony czerwony pieprz; ½ łyżeczki
- Płynny dym; ½ szklanki
- Sól niezjonizowana; 4 ½ łyżeczki
- Sos Worcestershire; ½ szklanki
- Tłuszcz do mięsa; 2 ¼ łyżki
- Czosnek w proszku; ¾ łyżeczki
- Pieprz; ¾ łyżki

INSTRUKCJE:
a) Weź miskę i dodaj składniki oprócz mielonej wołowiny, sosu Worcestershire, ketchupu i płynnego dymu.
b) Przetwórz mięso z suszonego pistoletu, wymieszaj je z innymi składnikami i zanurz je w mieszance sosu.
c) Umieść suszone paski na tacy suszarki i przetwarzaj je w temperaturze 155 stopni przez 4 do 8 godzin.

29. Suszona wołowina z ziołami i czosnkiem

SKŁADNIKI:
- Mielona chuda wołowina; 1 lb.
- Ząbki czosnku; 6
- Oregano świeże; 1 łyżka
- Sól
- Czarny pieprz; ½ łyżeczki
- Pietruszka; 1 szklanka posiekanej
- Cebule; posiekana; ½ szklanki
- Szałwia; posiekane ½ szklanki

INSTRUKCJE:
a) Przetwórz wołowinę, cebulę, pietruszkę, oregano, sól, pieprz, szałwię i czosnek, aż powstanie pasta. Po zakończeniu przetwórz go z szarpanego pistoletu.
b) Umieść paski na blasze do pieczenia i piecz je przez 7 do 8 godzin w temperaturze 155 stopni.

30. Suszony klon i Dijon

SKŁADNIKI:
- Czysty syrop klonowy; 2 łyżki
- Mięso; 1 lb.
- Ziarnista musztarda Dijon
- Sól; ¼ łyżeczki

INSTRUKCJE:
a) Przed pokrojeniem plasterków mięsa włóż je do zamrażarki, aby pokroić na kawałki. Upewnij się, że plastry nie są grubsze niż ¼ cala. Weź miskę, dodaj syrop klonowy, musztardę i sól.
b) Wymieszaj je, aby dokładnie pokryły paski mięsa, włóż je do plastikowej torby i marynuj przez noc.
c) Rozgrzej piekarnik do 300 stopni i piecz przez 10 minut, aż mięso stanie się brązowe.
d) Umieść je na tacy suszarki z zachowaniem odpowiedniej odległości i przetwarzaj w temperaturze 155 stopni przez 7 do 9 godzin.

31. Suszony Kurczak

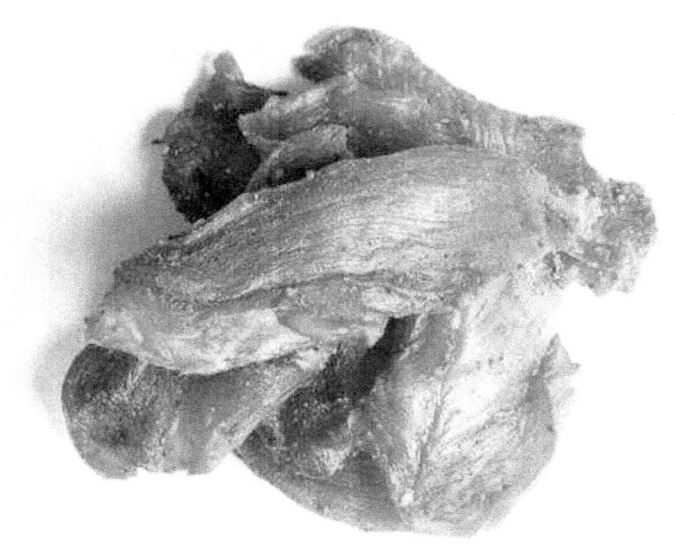

SKŁADNIKI:
- Pierś z kurczaka; 5 funtów

INSTRUKCJE:
a) Marynuj kurczaka przez noc według dowolnego przepisu i pod dowolnym ciśnieniem
b) gotuj przez 12 minut. Ostudzić i pokroić w plasterki
c) w kierunku włókien.
d) Umieść plastry na tacy suszarki i susz je przez 12 godzin w temperaturze 125 stopni.
e) Przechowuj je w szczelnym pojemniku.

32. Mięso Mango BBQ; Smażone Mango

SKŁADNIKI: ,
- Mango, niedojrzałe; 1
- Chili w proszku/chipotle; ½ łyżeczki
- Papryka wędzona; ½ łyżeczki
- Proszek z nasion kminku; ¼ łyżeczki
- Sól pieprz; jako smak

INSTRUKCJE: ,
a) Obierz mango i pokrój je w małe kostki. Dodajemy je do miski i mieszamy ze wszystkimi przyprawami. Rozłóż wszystkie kostki mango na arkuszu suszarki i susz je przez około 1 do 2 godzin lub do momentu, aż staną się chrupiące w temperaturze 115 stopni F.
b) Można go przechowywać przez około tydzień w pojemniku w temperaturze pokojowej. Całkowite wyschnięcie zajmie maksymalnie 2 dni. Jeśli chcesz przyspieszyć proces, pokrój mango w długie paski, dzięki temu szybko wyschną.
c) Może stanowić część wegańskiego grilla, dodając pomidorki koktajlowe, cebulę i inne warzywa.

33. Stripsy BBQ Jerky

SKŁADNIKI:
- Mielona wołowina; 2 ½ funta
- Czosnek w proszku; ½ łyżeczki
- Proszek cebulowy; ½ łyżeczki
- Brązowy cukier; 1 ½ łyżki
- Sos Worcestershire; ¼ szklanki
- Sos barbecue rozcieńczony wodą; ½ szklanki

INSTRUKCJE:
a) W misce wymieszaj mieloną wołowinę ze składnikami.
b) Dodać sos bbq, lekko rozcieńczony wodą i obtoczyć go w paski wołowe.
c) Wyciśnij paski wołowiny do pistoletu do suszenia i umieść go w suszarce w temperaturze 145 do 155 stopni F na 6 do 12 godzin.

34. Beef Jerky z sosem Worcestershire

SKŁADNIKI:
- Chude mięso w plasterkach; 2 funty.
- Sos sojowy; ¼ szklanki
- Ostry sos; 1 łyżeczka
- Sos Worcestershire; 1 łyżeczka
- Proszek cebulowy; ¼ łyżeczki
- Czosnek w proszku; ¼ łyżeczki
- Papryka; ¼ łyżeczki
- Płynny dym; 1 łyżeczka
- Pieprz; ¼ łyżeczki

INSTRUKCJE:

a) Paski mięsa należy pokroić na kawałki o grubości ¼ cala i równomiernie pokryć wszystkimi składnikami. Pozostaw te marynowane paski wołowe w lodówce na noc.

b) W suszarce ustaw temperaturę na 145–155 stopni na 6 i 6 godzin.

35. Beef Jerky z pomarańczą

SKŁADNIKI:
- Chuda wołowina, pozbawiona tłuszczu; 3 funty
- Pomarańczowy; 2 obrane, 1 skórka
- Sos sojowy; 3 łyżki
- Ocet ryżowy; 3 łyżki
- Cukier; 2 łyżki
- Olej sezamowy; 3 łyżki
- Prażony olej sezamowy; 1 ½ łyżki
- Azjatycka pasta z czosnkiem chili; 1 łyżeczka
- Świeży imbir, tarty; 2 łyżki

INSTRUKCJE:
a) Weź blender i zmiksuj w nim przyprawy, dobrze je wymieszaj. Wołowinę pokroić w plastry o grubości ¼ cala i wymieszać z wołowiną, marynować przez noc w lodówce.
b) Następnego dnia wyjmij wołowinę i pozwól jej osiągnąć normalną temperaturę pokojową, a następnie umieść ją na tacy suszarki w jednej warstwie.
c) Włącz suszarkę w temperaturze od 145 do 160 stopni F na 6–6 godzin, przełączając pomiędzy.

36. Pastrami Jerky

SKŁADNIKI:
- Chude mięso wołowe; 3 funty
- Sos sojowy; ½ szklanki
- Brązowy cukier; ¼ szklanki
- Sos Worcestershire; ½ szklanki
- Sok cytrynowy; 1 łyżka
- Nasiona gorczycy; 1 łyżka
- Nasiona kolendry; 2 łyżki stołowe
- Pieprz cayenne; ½ łyżeczki
- Grube nasiona pieprzu; 2 łyżki stołowe

INSTRUKCJE:
a) Pokrój chudą wołowinę w plastry o grubości ¼ cala. Wymieszaj wszystkie składniki oprócz wszystkich nasion. Powstałą mieszanką wylewamy mięso i odstawiamy na noc do lodówki.
b) Kiedy już to zrobisz, najpierw doprowadź je do temperatury pokojowej, połóż starannie na tacy suszarki i posyp nasionami. pozwól im odwodnić się w temperaturze 145 do 155 stopni przez 6-6 godzin.

37. Łosoś Jerky z sosem teriyaki

SKŁADNIKI:

- Łosoś bez kości; 1 ½ funta
- Sos Teriyaki; ¼ szklanki
- Sos sojowy; ¼ szklanki
- Syrop klonowy; 1 łyżka
- Musztarda Dijon; 1 łyżeczka
- Limonka wyciśnięta; 1
- Czarny pieprz; ½ łyżeczki

INSTRUKCJE:

a) Oto wskazówka: przed pokrojeniem łososia zamroź go na prawie 1 godzinę. Weź miskę, wymieszaj wszystkie przyprawy i dobrze je wymieszaj.
b) Zanurz plastry łososia w powstałej mieszance i pozostaw do namoczenia na 3 godziny. Strząśnij nadmiar płynu i umieść je na tacy suszarki.
c) Wysusz łososia w suszarce i umieść go w temperaturze 155 stopni F na 10 do 12 godzin.

38. Wędzony meksykański Jerky

SKŁADNIKI:
- Wołowina oczyszczona z tłuszczu; 2 funty.
- Sos sojowy; ½ szklanki
- Świeża limonka; 1 filiżanka
- Piwo meksykańskie; 1 filiżanka
- Chili w proszku; 1 łyżeczka
- Papryczki chipotle w sosie adobo; 1-2 puszki

INSTRUKCJE:
a) Wymieszaj składniki w misce, z wyjątkiem wołowiny, w robocie kuchennym i wygładź. Powstałą mieszaniną wylewamy na wołowinę i marynujemy przez 6 godzin w lodówce.
b) Doprowadź do temperatury pokojowej i umieść paski oddzielnie w jednej warstwie na tacy suszarki. Pozostawić na 6-6 godzin w temperaturze 145-160 stopni.

39. Indyk Jerky z płatkami czerwonego chili

SKŁADNIKI:
- Indyk bez skóry i kości; 2 funty.
- Brązowy cukier; 3 łyżki
- Siekany czosnek; 2 łyżeczki
- Płatki czerwonego chili; 2 łyżeczki
- Sos sojowy; ¾ szklanki

INSTRUKCJE:
a) Przed pokrojeniem indyka upewnij się, że jest zamrożony, a następnie pokrój go w paski o grubości ¼ cala. Wymieszaj składniki w misce i zanurz w niej paski, tak aby były pokryte i zamarynowane.

b) Marynowanego indyka przykryć folią spożywczą i pozostawić na noc w lodówce. Gdy będzie 9 jeden, umieść plastry na tacy suszarki i pozostaw do wyschnięcia w temperaturze 155 stopni na 8 do 6 godzin.

40. Suszona wołowina o smaku harissy

SKŁADNIKI:
- Chuda wołowina, oko okrągłe; 3 funty
- Brązowy cukier; 1 łyżka
- Sól
- Kminek; 1 łyżka
- Wędzona papryka; 1 łyżka
- Kolendra; 1 łyżka
- Czosnek w proszku; 1 łyżka
- Proszek cebulowy; 2 łyżki
- Pieprz cayenne; ¼ łyżeczki
- Chili w proszku; 1 łyżka

INSTRUKCJE:
a) Pokrój okrągłą wołowinę w grube paski, nie dłuższe niż ¼ cala. Wymieszaj składniki w zamykanej torebce, dobrze nią potrząśnij i dodaj paski wołowe. Pozostawić w lodówce na noc.
b) Doprowadź pasek wołowiny do temperatury pokojowej i umieść paski na tacy do suszenia, aby wyschły w temperaturze 145–155 stopni przez 6 i 6 godzin.

41. Słodko-pikantna wołowina Jerky

SKŁADNIKI:
- Dziczyzna lub wołowina; 2 funty.
- Sos sriracha; 1 łyżeczka.
- Sos sojowy; 1 łyżeczka
- Sok cytrynowy; 1 łyżka
- Mielony czosnek; 1 łyżka
- Sos sojowy; ½ szklanki
- Sos Worcestershire; ¼ szklanki
- Brązowy cukier; ½ szklanki
- Sok ananasowy; ¼
- Czarny pieprz; 1 łyżka

INSTRUKCJE:
a) Pokrój zamrożone mięso lub dziczyznę na kawałki o grubości ¼ cala. Połącz wszystkie składniki, następnie polej paski sosem, przykryj i włóż do lodówki.
b) Ułóż plastry wołowiny lub dziczyzny na tacach suszarki i wysusz w temperaturze 145–155 stopni, około sześciu do sześciu godzin.

42. Sezonowana wołowina Jerky z Worcestershire

SKŁADNIKI:
- Chude mięso wołowe; 2 funty.
- Miód; 3 łyżki
- Sok cytrynowy; 1 łyżeczka
- Płatki czerwonej papryki; 1 łyżka
- Sos Teriyaki; 1 filiżanka
- Proszek cebulowy; 2 łyżeczki
- Czosnek w proszku; 2 łyżeczki
- Mielonego imbiru; 1 łyżeczka
- Papryka; 1 łyżka
- Sos Worcestershire; 1 filiżanka

INSTRUKCJE:
a) Paski pokroić na kawałki o grubości ¼ cala.
b) Połącz składniki i zamarynuj w mieszance mięso.
c) Przykryć i wstawić na noc do lodówki.
d) Rozłóż plastry wołowiny na tacach suszarki i susz w temperaturze 145–155 stopni przez 6–8 godzin.

43. Suszona Wołowina Z Czosnkiem

SKŁADNIKI:
- Cienko pokrojona wołowina; 2 funty.
- Sos sojowy; ½ szklanki
- Sos Worcestershire; 3 łyżki
- Puszka coli; 1
- Czosnek zgnieciony; 7 goździków
- Czerwony ostry sos; 2 łyżeczki
- Świeży sok z limonki; 1 łyżeczka
- Keczup; 2 łyżki

INSTRUKCJE:
a) Połącz składniki i marynuj w dużej misce. Mięso włożyć do woreczka strunowego i zalać mieszanką. Pozostawić w lodówce na 4 do 8 godzin.
b) Umieść je na tacy do suszenia jako pojedynczą warstwę na 6 do 8 godzin w temperaturze 155 stopni F.

44. Suszona wieprzowina i sos chipotle

SKŁADNIKI:
- Koncentrat pomidorowy; 1 łyżka
- Sos chipotle; 7 uncji
- Sól; 1 łyżeczka
- Cukier; 1 łyżeczka
- Wieprzowina w plasterkach; 1 lb.

INSTRUKCJE:
a) Wymieszaj koncentrat pomidorowy z pozostałymi składnikami i umieść je wszystkie w zamykanej torebce. Schłodzić przez 12 godzin. Po zakończeniu umieść go na tacy suszarki w temperaturze 159 stopni na 6 godzin.
b) Pamiętaj, aby przechowywać go z dala od światła słonecznego.

45. Suszona wołowina Bulgogi

SKŁADNIKI:

- Wołowina okrągła i krojona; 2 funty.
- Brązowy cukier; 2 łyżki
- Sos sojowy; 4 łyżki
- Czosnek w proszku; 1 łyżka
- Olej sezamowy; 1 łyżka
- Sól

INSTRUKCJE:

a) Plasterki wołowiny pokroić na grubość 5 mm. Umieść wołowinę w zamku błyskawicznym lub plastikowej torbie. Wymieszaj pozostałe składniki w misce, a następnie dodaj je do plastikowej torby i przechowuj w lodówce na 12 godzin.

b) Po zakończeniu usuń nadmiar marynaty i umieść wołowinę na tacy suszarki w temperaturze 165 stopni i pozostaw ją na 6 godzin.

46. Suszona Jagnięcina

SKŁADNIKI:
- Pieprz
- Udziec jagnięcy pokrojony w plasterki; 3 funty
- Czosnek w proszku; 1 łyżeczka
- Sos Worcestershire; 3 łyżki
- Sos sojowy; ¼ szklanki
- Proszek cebulowy; 1 ½ łyżeczki
- Oregano; 1 łyżka

INSTRUKCJE:
a) Weź plastikową torebkę, wymieszaj wszystkie składniki i włóż je do plastikowej zamykanej torebki. Włóż do lodówki na 13 godzin.
b) Ustaw suszarkę na 145 stopni na 6 godzin i umieść ją na tacy suszarki.

47. Suszony Boczek Wędzony Z Ziołami

SKŁADNIKI:

- Boczek wędzony; 10 plasterków
- Nasiona kopru włoskiego, mielone; 1 łyżeczka
- Szałwia suszona; ¼ łyżeczki
- Czosnek w proszku; 1/8 łyżeczki
- Proszek cebulowy; 1/8 łyżeczki
- Tymianek suszony; ¼ łyżeczki
- Brązowy cukier; 1 łyżeczka
- Płatki czerwonej papryki; ¼ łyżeczki
- Płatki czarnego pieprzu; 1/8 łyżeczki

INSTRUKCJE:

a) Uformuj trzy porcje plasterków bekonu. Weź miskę, wymieszaj w niej wszystkie składniki i dobrze je wymieszaj. Gdy będzie gotowy, posyp boczek przyprawą.
b) W suszarce w temperaturze 165 stopni F pozostaw do wyschnięcia i chrupkości.

48. Suszony Cytrynowy Rybny

SKŁADNIKI:
- Filet z dorsza w plasterkach; 1 lb.
- Skórki z cytryny; 1 łyżeczka
- Sok cytrynowy; 1 łyżka
- Koperek; 1 łyżeczka
- Tarte ząbki czosnku; 1
- Oliwa z oliwek; 2 łyżki
- Sól

INSTRUKCJE:
a) Włóż rybę i pozostałe składniki do zamkniętej torebki. Dobrze wstrząśnij i przechowuj w lodówce przez 4 godziny. Upewnij się, że ryba jest równomiernie pokryta mieszanką.
b) Strząśnij pozostałą mieszaninę z ryby i pozostaw ją do wyschnięcia, umieszczając ją na tacy do suszenia. Ustaw temperaturę na 145 F na 8 godzin.
c) Można to przechowywać do 2 tygodni.

49. Suszony Łosoś

SKŁADNIKI:
- Łosoś w plasterkach, 1 ¼ funta.
- Sok cytrynowy; 1 łyżka
- Pieprz
- Melasa; 1 łyżka
- Sos sojowy; ¼ szklanki

INSTRUKCJE:
a) Weź zamkniętą plastikową torebkę i umieść w niej wszystkie składniki oraz plasterki łososia. Wymieszaj je osobno i dodaj do torebki, upewniając się, że ryba jest odpowiednio pokryta przyprawą.
b) Marynowanego łososia włóż do lodówki na 4 godziny. W międzyczasie ustaw temperaturę na 145 stopni F i pozostaw do wyschnięcia na 4 godziny.

50.Suszony dziczyzna

SKŁADNIKI:
- Skórkę z dziczyzny, pieczeni i srebrzystej należy przyciąć; 1 lb.
- Sól i pieprz
- Miód; 1 łyżka
- Proszek cebulowy; ¼ łyżeczki
- Amino kokosowe; 4 łyżki
- Płatki czerwonej papryki; ¼ łyżeczki
- Sos Worcestershire; 4 łyżki

INSTRUKCJE:
a) Dziczyznę pokroić w plasterki i włożyć do miski. W drugiej misce wymieszaj pozostałe składniki, dobrze je wymieszaj i wylej na plastry. Pozostaw mięso w lodówce na jeden dzień i obracaj je co trzy do czterech godzin, aby dziczyzna była bogata w smaki.
b) W suszarce o temperaturze 160 stopni F pozwól plasterkom dziczyzny odwodnić się przez 4 godziny. Można go przechowywać w szczelnie zamkniętej torbie przez około 3 miesiące i do 2 tygodni w torbie zamykanej na zamek błyskawiczny.

51. Suszony Wieprzowina Cajun

SKŁADNIKI:
- Polędwiczki wieprzowe; 2 funty.
- Stara przyprawa zatokowa; 1 łyżka
- Przyprawa Cajun; 2 łyżeczki
- Sos Worcestershire; ¾ szklanki
- Sos sojowy; ½ szklanki
- Sos Teriyaki; 1/3 szklanki
- Woda; ½ szklanki
- Chili w proszku; 1 łyżka

INSTRUKCJE:

a) Przed pokrojeniem włóż wieprzowinę do lodówki na godzinę, a następnie pokrój ją w plasterki o grubości ¼ cala. W misce wymieszaj wszystkie składniki i dobrze je wstrząśnij. Weź zamykaną torebkę, włóż do niej marynatę wieprzową i pozostaw ją w lodówce.

b) Za pomocą ręcznika kuchennego poklep plastry, aby namoczyć dodatkową marynatę. Plasterki układamy na suszarce tak, aby na siebie nie zachodziły. Pozostawić na 4 godziny w temperaturze 172 stopnie.

52. Sriracha Jerky z klonowej wołowiny

SKŁADNIKI:
- Wołowina, stek z polędwicy; 1 lb.
- Sos sojowy; ½ szklanki
- Syrop klonowy; ¼ szklanki
- Ostry sos Sriracha; 1 łyżka
- Czarny pieprz; ¼ łyżeczki

INSTRUKCJE:
a) Zamrozić wołowinę przed pokrojeniem jej w plasterki, aby była dobrze pokrojona; upewnij się, że ma grubość ¼ cala.
b) Do miski włóż wszystkie składniki oraz kawałki wołowiny i dobrze wymieszaj.
c) Weź zamykaną torebkę, włóż wszystko do niej i marynuj przez noc lub minimum 10 godzin. Jeśli nie masz zamykanej torebki, możesz po prostu przykryć miskę folią spożywczą.
d) Po marynowaniu usuń dodatkową mieszankę i umieść plastry na tacy suszarki. Ustaw temperaturę na 172 i przetwarzaj przez 6 do 8 godzin, sprawdź po czterech godzinach.
e) Gotowe pieczemy w piekarniku przez 6 minut w temperaturze 275 stopni, po przykryciu folią.

53. Mesquite Wędzony suszony

SKŁADNIKI:
- Wołowina, oko okrągłe; 1 lb.
- Sos sojowy; 1 filiżanka
- Sól
- Ząbki czosnku, mielone; 3
- Papryka mielona; 1 łyżka
- Koncentrat płynnego dymu; 2 łyżki
- Pakowany brązowy cukier; ½ szklanki

INSTRUKCJE:
a) Wołowinę pokroić w kostkę o grubości ¼ cala. Pamiętaj, aby najpierw go zamrozić, dzięki czemu wołowina będzie łatwo krojona. Wymieszaj składniki i wołowinę w misce i przełóż je do zamykanej torebki. Marynuj przez noc.
b) Umieść papier pergaminowy na tacy suszarki i pozostaw go na 7 do 9 godzin w temperaturze 165 stopni. Odwróć paski do połowy.

54. Tajskie curry Suszona wieprzowina

SKŁADNIKI:

- Polędwiczki wieprzowe; 1 lb.
- Tajska pasta z czerwonego curry; 3 łyżki.
- Sos rybny; 2 łyżki
- Woda; 2 łyżki
- Sól
- Ząbek czosnku; 1
- Pasta z czerwonego curry; 3 łyżki

INSTRUKCJE:

a) Weź zamrożoną polędwiczkę wieprzową i pokrój ją w ¼-calowe plasterki. W dużej misce dodaj wszystkie składniki i plasterki i dobrze je wymieszaj. Włóż na noc do lodówki w zamykanej torebce.

b) Strząśnij dodatkową marynatę z plasterków i umieść je na tacy suszarki w jednej warstwie. Przetwarzaj w temperaturze 172 stopni przez 6 do 8 godzin, przewróć plastry po 3 do 4 godzinach.

55. Pieprzowy suszony dorsz

SKŁADNIKI:
- Filet z dorsza; 1 lb.
- Sok cytrynowy; 1
- Sól
- Czosnek w proszku; 1 łyżeczka
- Czarny pieprz; 1 łyżeczka
- Pieprz cayenne; ½ łyżeczki

INSTRUKCJE:
a) Filet z dorsza pokroić w plastry o grubości ¼ cala i wymieszać z pozostałymi składnikami. Marynuj przez co najmniej 10 godzin, dla lepszego smaku możesz włożyć na noc do lodówki w plastikowej torebce.
b) Usuń nadmiar mieszanki, potrząsając plasterkami lub lekko je poklepując ręcznikiem papierowym. Umieść te plastry na tacy suszarki i pozostaw do wyschnięcia na 6 do 8 godzin w temperaturze 172 stopni.
c) Po prawidłowym wysuszeniu włóż go do słoika.

56.Suszony rybny pieprz cytrynowy

SKŁADNIKI:
- Filety z plamiaka; 1 lb.
- Sok i skórka z cytryny; 1
- Ząbek czosnku; 1 mielony
- Sól
- Oliwa z oliwek; 2 łyżki
- Pieprz; 1 łyżka

INSTRUKCJE:
a) Rybę pokroić w ¼-calowe plasterki. w tym celu preferowane są mrożone ryby. Weź miskę, wymieszaj w niej wszystkie składniki, a później dodaj kawałki ryby. Pozostawiamy do marynowania na noc w lodówce, szczelnie zamkniętą w plastikowej torbie.

b) Wyjmij i zetrzyj z ryby pozostałą marynatę. Umieść go na tacy suszarki i pozostaw do wyschnięcia w temperaturze 275 stopni przez 6 do 8 godzin.

57. Wędzony Kurczak Jerky

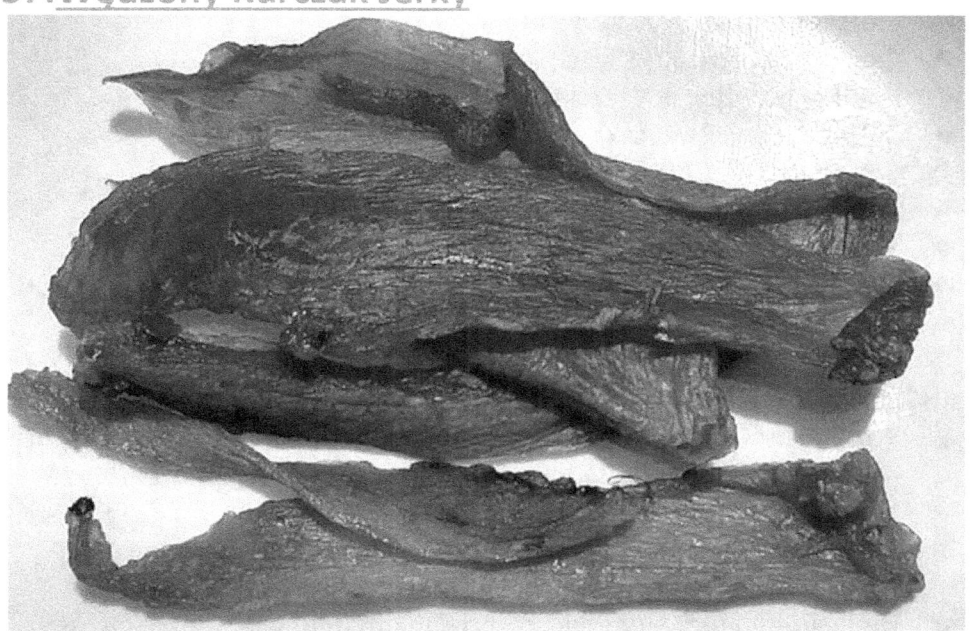

SKŁADNIKI:
- Pierś z kurczaka bez skóry; 1 lb.
- Czosnek w proszku; 1 łyżeczka
- Imbir w proszku; 1 łyżeczka
- Sól wędzona; 1 łyżeczka
- Sok z cytryny: 1 łyżeczka
- Sos sojowy o niskiej zawartości sodu; ¾ szklanki
- Sos Worcestershire; 1 łyżka
- Czarny pieprz; 1 łyżeczka
- Pokruszony czerwony pieprz; 1 łyżeczka

INSTRUKCJE:
a) Pokrój paski kurczaka na kawałki o grubości ¼ cala i umieść je w dużej misce wraz z innymi składnikami. Umieść je w zamykanej torbie i pozostaw marynatę w lodówce.
b) Po zakończeniu marynowania wyjmij go i poklep ręcznikiem kuchennym, aby usunąć nadmiar mieszanki.
c) Umieść je na tacy suszarki z zachowaniem odpowiedniej odległości i pozwól im przetwarzać przez 6 do 8 godzin w temperaturze 165 stopni. przewrócić do połowy.

58. Suszony bakłażan

SKŁADNIKI:

- Bakłażany; 1 lb.
- Sos Teriyaki; ½ szklanki
- Woda; 2 łyżki
- Płatki czerwonej papryki; ½ łyżeczki

INSTRUKCJE:

a) Bakłażany myjemy i również kroimy w plasterki
b) gruby ani za cienki. Obierz, jeśli chcesz, inaczej jest
c) niekoniecznie. Wszystkie składniki wymieszaj w misce i odpowiednio zamarynuj plastry bakłażana.
d) W suszarce ustaw temperaturę na 165 stopni i susz przez 5 do 7 godzin.

59. Suszona wołowina sojowa z czosnkiem

SKŁADNIKI:
- Okrągłe oko wołowe; 2 funty.
- Sos sojowy; 2/4 szklanki
- Sos Worcestershire; 1 łyżeczka
- Czosnek w proszku; 4 łyżeczki
- Brązowy cukier; ¼ szklanki
- Sól

INSTRUKCJE:
a) Pokrój plastry wołowiny i pokrój je w plastry o grubości 5 mm. Wymieszaj sos sojowy, sos Worcestershire, proszek czosnkowy, brązowy cukier itp., aby uzyskać gładką pastę. Dodaj kawałki wołowiny do mieszanki i zamarynuj je, umieszczając je w lodówce na noc, zawinięte w plastikową torebkę.
b) Po upieczeniu w temperaturze 165 stopni umieść go na tacy suszarki i przetwarzaj przez 6 godzin.

60. Jamajski Jerky

SKŁADNIKI:
- Wołowina, okrągłe oko, 2 funty.
- Sól; 2 łyżeczki
- Czarny pieprz; 2 łyżeczki
- Świeża limonka; ½ szklanki
- Wszystkie gatunki; 1 łyżeczka
- Ząbek czosnku; 4
- Ożywić; 2 łyżeczki
- Ciemnobrązowy cukier; 2 łyżki
- Wino białe destylowane; ½ szklanki
- Wędzona papryka; ½ łyżeczki
- Proszek cebulowy; 2 łyżeczki
- Suszony tymianek; 2 łyżeczki
- Pieprz cayenne: 1 łyżeczka
- Cynamon; ½ łyżeczki

INSTRUKCJE:
a) Plastry wołowiny pokroić w poprzek włókien i uformować z nich plastry o grubości 5 mm. Wymieszaj składniki, aby uzyskać gładką pastę. Nałóż go na plastry wołowiny i zamarynuj, umieszczając w lodówce na noc, zawinięty w plastikową torebkę.
b) Po upieczeniu w temperaturze 165 stopni umieść go na tacy suszarki i przetwarzaj przez 6 godzin.

61. Suszona wołowina bawola

SKŁADNIKI:
- Sos ze skrzydełek bawolego; 1 filiżanka
- Sól
- Wołowina, oko okrągłe; 2 funty.

INSTRUKCJE:
a) Weź wołowinę i pokrój ją w plastry o grubości 5 mm. Wymieszaj sos ze skrzydełek bawolego i sól. Nałóż go na plastry wołowiny i zamarynuj, umieszczając w lodówce na noc, zawinięty w plastikową torebkę.
b) Po upieczeniu umieść je na tacy suszarki w temperaturze 165 stopni i przetwarzaj przez 6 1o 8 godzin.

62. Brazylijskie suszone mięso BBQ

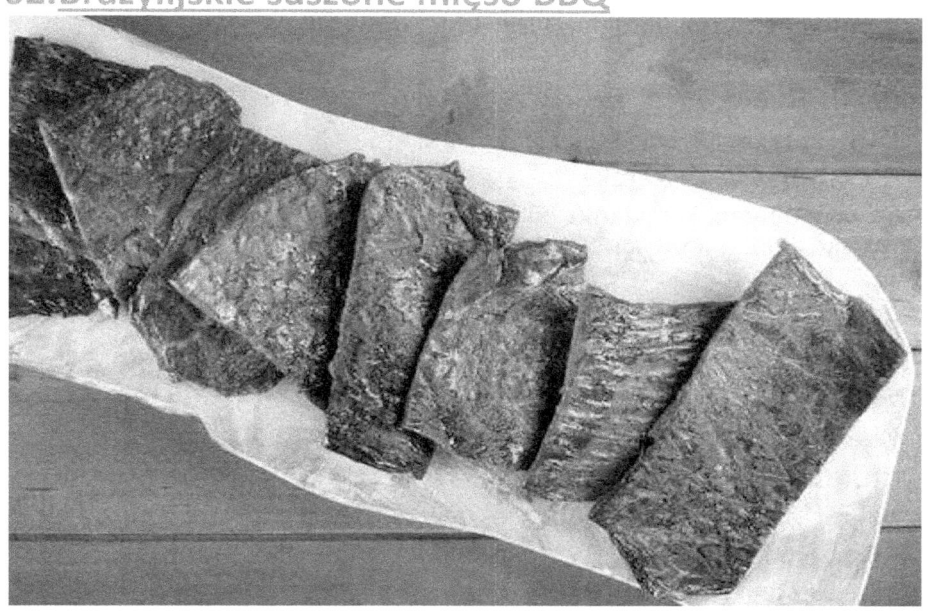

SKŁADNIKI:
- Wołowina, górna okrągła; 2 funty.
- Kminek mielony; 2 łyżeczki
- Oregano suszone; 2 łyżeczki
- Kolendra; grunt; 1 łyżeczka
- Czarny pieprz; 1 łyżeczka
- Oliwa z oliwek; ½ szklanki
- Sok limonkowy; ½ szklanki
- Sól
- Proszek cebulowy: 1 łyżeczka
- Czerwona papryka mielona; 1 łyżeczka
- Ząbki czosnku, starte; 4

INSTRUKCJE:
a) Pokrój plastry wołowiny i pokrój je w plastry o grubości 5 mm.
b) Połącz kminek, oregano, sproszkowaną cebulę, kolendrę, sól, pieprz i inne składniki, aby uzyskać gładką pastę.
c) Nałóż tę mieszaninę plastrów wołowiny i zamarynuj ją, umieszczając ją w lodówce na noc, owiniętą w plastikową torebkę.
d) Po upieczeniu w temperaturze 165 stopni umieść go na tacy suszarki i przetwarzaj przez 6 godzin.

63. Słodki, upalny Jerky

SKŁADNIKI:
- Okrągłe oko wołowe; 2 funty.
- Musztarda Dijon; 4 łyżki
- Sól
- Proszek cebulowy; 1 łyżka
- Chile w proszku; 1 łyżka
- Czosnek w proszku; 1 łyżeczka
- Proszek cayenne; 1 łyżka
- Wędzona papryka; 4 łyżeczki
- Brązowy cukier; 6 łyżek
- Keczup; ½ szklanki
- Sos sojowy; ½ szklanki
- Sos Worcestershire; ¼ szklanki

INSTRUKCJE:
a) Pokrój plastry wołowiny i pokrój je w plastry o grubości 5 mm. Wymieszaj składniki, aby uzyskać gładką pastę.
b) Nałóż go na plastry wołowiny i zamarynuj, umieszczając w lodówce na noc, zawinięty w plastikową torebkę.
c) Po upieczeniu w temperaturze 165 stopni umieść go na tacy suszarki i przetwarzaj przez 6 godzin.

64. Suszony Łosoś Wędzony

SKŁADNIKI:

- Łosoś; 1 ¼ funta
- Melasa; 1 łyżka
- Sok z cytryny, świeżo wyciśnięty; 1 łyżka
- Czarny pieprz; 2 łyżeczki
- Płynny dym; 1 łyżeczka
- Sos sojowy; 1 ¼ funta

INSTRUKCJE:

a) Rybę z łososia pokroić w plastry o grubości ¼ cala. w misce wymieszaj sos sojowy, melasę, sok z cytryny, pieprz i płynny dym.
b) Nałóż go na plastry ryby i zamarynuj je, umieszczając je w lodówce na noc, zawinięte w plastikową torebkę.
c) Po upieczeniu w temperaturze 145 stopni umieść go na tacy suszarki i przetwarzaj przez 8 godzin.

65. Suszony dorsz Cajun

SKŁADNIKI:
- Filet z dorsza z Alaski; 1 lb.
- Wyciśnięta cytryna; 1
- Czosnek w proszku; 1 łyżeczka
- Sól
- Czarny pieprz; ½ łyżeczki
- Proszek cebulowy; 1 łyżeczka
- Papryka; 1 łyżeczka
- Pieprz cayenne; ¼ łyżeczki

INSTRUKCJE:
a) Pokrój dorsza w plasterki o grubości ¼ w poprzek włókien. Dokładnie wymieszaj składniki i polej je rybą.
b) Upewnij się, że każdy plasterek jest pokryty mieszanką. Marynuj, umieszczając w lodówce na noc, owinięty w plastikową torebkę.
c) Po upieczeniu w temperaturze 145 stopni umieść go na tacy suszarki i przetwarzaj przez 8 do 10 godzin.

OWOCE, WARZYWA I SKÓRY

66. Czekoladowa skóra bananowa

SKŁADNIKI:
- Banan; 4
- Kakao w proszku; 2 łyżki
- Brązowy cukier; 1 łyżka

INSTRUKCJE:
a) Zrób puree z bananów i dodaj kakao
b) i brązowy cukier. Dobrze je wymieszaj i wlej do tacy suszarki.
c) Pozostaw do wyschnięcia na 10 godzin w temperaturze 130 stopni, przewróć je do połowy i przetwarzaj przez resztę czasu. uformuj bułki, oskrobując je.

67. Skóra owoców figowych jabłoni

SKŁADNIKI:
- Umyta figa; 10 dojrzałych
- Jabłka; Usunięto 2 rdzenie
- Sok pomarańczowy; 1 filiżanka

INSTRUKCJE:

a) Wszystkie składniki umieścić w rondlu i doprowadzić do wrzenia. Pozostawić na chwilę na wolnym ogniu i zmniejszyć ogień na około 30 minut.

b) Po ugotowaniu zmiksuj je na puree i wylej cienką warstwę na tackę suszarki. Pozostaw do wyschnięcia w temperaturze 125 stopni przez 6 do 8 godzin.

68.Suszony szczypiorek

SKŁADNIKI:
- Szczypiorek

INSTRUKCJE:
a) Szczypiorek pokroić w 1,5-centymetrową kostkę i rozłożyć na cieście
b) taca odwadniacza. Pozostawić do wyschnięcia w temperaturze 95 stopni przez 3 do 5 godzin.

69. Truskawkowa, pikantna skóra owocowa

SKŁADNIKI:
- Truskawki posiekane i łuskane; 1 lb.
- Papryka Jalapeno lub Serrano; 1 (bez nasion)
- Sok cytrynowy; 1 łyżka
- Cukier granulowany; 1/3 szklanki

INSTRUKCJE:
a) Zrób puree truskawkowe, dodaj sok z cytryny i pieprz.
b) Dobrze wymieszaj i wylej na tacę suszarki w formie pasków o grubości 1/8 cala.
c) Ustaw temperaturę na 140 stopni i pozostaw do wyschnięcia na 6 do 8 godzin.

70. Skóra brzoskwiniowa

SKŁADNIKI:
- Brzoskwinie pokrojone w plasterki; 3
- Morele; pokrojony; 3
- Cukier; 1 łyżka

INSTRUKCJE:
a) Obydwa owoce włóż do garnka, posyp cukrem i postaw na małym-średnim ogniu. Gdy się rozpuszczą, dobrze je wymieszaj, zdejmij z palnika i pozostaw do ostygnięcia.
b) Po zakończeniu zmiksuj na puree, wlej mieszaninę do arkusza bułki owocowej i umieść ją w suszarce.
c) Pozostawić do wyschnięcia w temperaturze 165 stopni na 8 godzin. Po zakończeniu należy pozostawić go do ostygnięcia w temperaturze pokojowej, a następnie przechowywać w pojemniku.

71. Cukierkowe plasterki arbuza

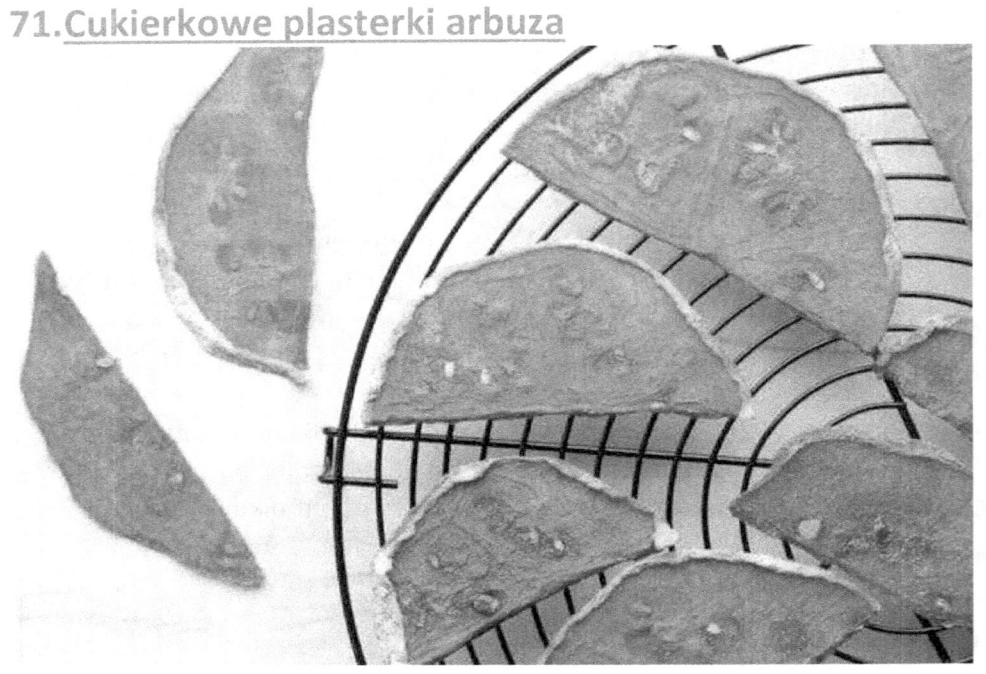

SKŁADNIKI:
- Fleur de sel
- Arbuz; 1

INSTRUKCJE:
a) Arbuza pokroić i usunąć skórkę. Upewnij się, że plastry mają tylko 1/8 cala grubości.
b) Połóż je na tacy suszarki i posyp je fleur de sel.
c) Pozostawić do wyschnięcia w temperaturze 135 stopni na 18 godzin.

72. Miodowe brzoskwinie z bourbonem

SKŁADNIKI:
- Brzoskwinia pokrojona w plasterki z usuniętym rdzeniem; 1
- Burbon; 3
- Miód; ¼ szklanki
- Gorąca woda; ¼ szklanki

INSTRUKCJE:
a) Włóż plasterki owoców do zamykanej torebki. Weź miskę i wymieszaj miód z gorącą wodą, aż miód się rozpuści. Po zakończeniu wlać bourbon, ubić, ostudzić i wlać do torebki. Pozwól obydwom marynować się przez 4 godziny.

b) Po tym czasie plastry należy umieścić na tacy suszarki nagrzanej do 145 stopni i poddawać procesowi przez 16 godzin. Można to przechowywać przez 10 dni.

73. Skóra owocowa czarna i jagodowa

SKŁADNIKI:
- Jagody; 1 lb.
- Jeżyny; ½ szklanki
- Syrop klonowy; 1 łyżka

INSTRUKCJE:
a) Wszystkie składniki zmiksować i zrobić gładkie puree.
b) Przefiltruj go przez sitko za pomocą a
c) gumowa szpatułk. Na arkusz bułki owocowej spryskaj nieprzywierający spray i wlej puree. Całość równomiernie rozsmaruj i umieść tackę w suszarce.
d) Przetwarzaj w temperaturze 165 stopni przez prawie 6 do 10 godzin. Upewnij się, że puree jest dobrze wysuszone od środka.

74. Skóra z owoców klonu winogronowego

SKŁADNIKI:
- Śliwka; 6
- Winogrono; beznasienny
- Syrop klonowy; 1 łyżeczka
- Woda; ½ szklanki

INSTRUKCJE:
a) Obierz i usuń rdzeń śliwek. Ugotuj śliwki
b) i winogrona na małym ogniu przez co najmniej 15 minut lub do momentu, aż zmiękną.
c) Po zakończeniu zmiksuj je wszystkie na niskiej prędkości i przefiltruj, aby uzyskać gładkie puree.
d) Ustaw temperaturę na 165°C i susz przez 6 do 10 godzin.

75. Odwadniająca słodka papryka

SKŁADNIKI: ,
- papryka; umyć, odpowiednio pokroić i usunąć nasiona

INSTRUKCJE: ,
a) Paprykę pokroić w paski i pół. Upewnij się, że tak jest
b) dokładnie umyj i umieść je w pojedynczej późniejszej suszarce
c) pościel. Ustaw suszarkę na 125 do 135 stopni, aż stanie się chrupiąca. Zajmie to około 12 do 24 godzin, a nawet więcej. Staraj się nie kroić mniejszych kawałków.
d) Gdy są gotowe, są gotowe do przechowywania, kurczą się do trzech filiżanek i wytrzymują rok w spiżarni.
e) Zawsze możesz nawodnić, po prostu wkładając go do rzeczy, którą gotujesz, bez gotowania lub robienia czegokolwiek innego.

WEGAŃSKIE PRZEPISY SUSZANE

76. Odwodnione tofu

SKŁADNIKI:
- tofu

INSTRUKCJE:
a) Tofu jest dostępne w różnych konsystencjach: twardej, półtwardej lub bardzo twardej. Wybierz ten, który najbardziej Ci się podoba i odlej z niego wodę.
b) Kroimy je w plastry ani grube, ani cienkie. Umieść je na tacy suszarki w jednej warstwie i susz je przez 3 do 6 godzin w temperaturze 155 stopni.

77. Suszony kurczak tofu

SKŁADNIKI:
- Tofu; 250 gr
- Gotowy kurczak; 1 kawałek piersi
- Przyprawy dowolne

INSTRUKCJE:
a) Weź twarde tofu lub zamroź je na chwilę, aby można było je mocno pokroić. Następnie pokrój go w plasterki, aby odwodnić, lub możesz pokroić go na małe kawałki. Włóż je do miski i wymieszaj z przyprawami, jakie lubisz. Rozdrobnij wstępnie ugotowanego kurczaka i dodaj go później.
b) Wyłóż tacę suszarki arkuszem pergaminu i umieść mieszaninę kurczaka z tofu na tacy suszarki. Przetwarzaj w temperaturze 135 stopni przez 8 godzin.

78. Chili z czerwonej soczewicy

SKŁADNIKI:
- Olej; 1 łyżka
- Cebule; 1 szklanka pokrojona w kostkę
- papryka; 1 pokrojona w kostkę
- Sól
- Ząbki czosnku; 5
- Cukinia pokrojona w plasterki; 2 kubki
- Chili w proszku; 3 łyżki
- Kminek mielony; 1 łyżka
- Pieczone pomidory pokrojone w kostkę; 1 puszka 14 uncji.
- Fasola zwyczajna; 1 puszka 14 uncji.
- Koncentrat pomidorowy; 2 łyżki
- Bulion warzywny; 2 kubki
- czerwona soczewica; 1 filiżanka
- Cukier; 1 łyżeczka

INSTRUKCJE:
a) Na patelni rozgrzej oliwę i podsmaż sól, cebulę i pieprz. Niech się złocą, a następnie dodaj cukinię i smaż, aż zmięknie. Dobrze je wymieszaj, dodaj czosnek, kminek i chili i smaż przez 30 sekund.
b) Następnie dodajemy pomidory, fasolę, bulion i mieszamy do połączenia. Pozwól mu się zagotować, a następnie dodaj soczewicę. Gotuj również przez 20 minut, aż soczewica zmięknie. Następnie dodać cukier i ponownie wymieszać.
c) Po zakończeniu rozłóż cienką warstwę na tacy suszarki wyłożonej pergaminem. Pozostaw do wyschnięcia w temperaturze 135 stopni przez 8 do 12 godzin.

79. Suszone tajskie zielone curry

SKŁADNIKI:
- Suszony ryż; wstępnie ugotowane; ½ szklanki
- Suszony kurczak mielony; ¼ szklanki lub Tofu, jeśli jesteś weganinem
- Suszone warzywa, mieszane; ¼
- Pasta z zielonego curry; ¼ szklanki suszonej
- Mleko kokosowe w proszku; 3 łyżki

INSTRUKCJE:
a) Susz pastę curry w temperaturze 135 stopni przez 6 do 7 godzin.
b) Przygotuj kurczaka według tajskiego zielonego curry. Alternatywnie możesz użyć tofu do kurczaka. Wszystkie składniki zalać wodą, namoczyć przez 5 minut i doprowadzić do wrzenia.
c) Przenieś je do izolowanego przytulnego pojemnika i pozostaw na 15 minut.

80. Tajskie czerwone curry

SKŁADNIKI:

- Suszony ryż; ½ szklanki
- Suszone tofu; ¼ szklanki
- Wymieszane warzywa; ½ szklanki
- Suszona pasta z czerwonego curry; ¼ szklanki
- Mleko kokosowe w proszku; 3 łyżki
- Woda do nawodnienia; 2 kubki

INSTRUKCJE:

a) Rozłóż pastę curry na tacy suszarki i susz przez 6 do 7 godzin w temperaturze 135 stopni.
b) Wszystkie składniki zalać wodą i moczyć przez 5 minut.
c) Doprowadź je do wrzenia i przenieś do izolowanego przytulnego pojemnika. Pozwól im się połączyć przez 15 minut.

81. Krem cytrynowy z jajkiem

SKŁADNIKI:

- Średnia farma jajek; 1
- Cukier granulowany; ¾ szklanki
- Masło wegańskie, 2 łyżki roztopione
- Skórka z cytryny, 2/3 szklanki
- Skrobia ziemniaczana; 1 łyżka
- Ekstrakt waniliowy; ½ łyżeczki
- sól

INSTRUKCJE:

a) Weź bakłażana i obierz go. w blenderze zmiksuj go z pozostałymi składnikami i zmiksuj na puree. wyłóż tacę suszarki i wyłóż nieprzywierającą blachą.
b) Wlać mieszaninę w takiej postaci, w jakiej jest, lub można ją przelać do rękawa cukierniczego i uformować kropelki.
c) Suszyć w temperaturze 110 stopni przez 12 godzin.

82. Suszony boczek kokosowy

SKŁADNIKI:
- Płatki kokosowe; 2 kubki
- Oliwa z oliwek; 1 łyżka
- Płynny amino Braggsa; 1 łyżka
- Syrop klonowy; 1 łyżka
- Ocet jabłkowy; 2 łyżeczki
- Płynny dym; 1 łyżeczka
- Wędzona papryka; 1 łyżeczka
- Sól

INSTRUKCJE:
a) Wszystkie składniki dokładnie wymieszaj w dużej misce wraz z płatkami kokosowymi.
b) Za pomocą dłoni delikatnie wymieszaj składniki tak, aby powstały płatki i odpowiednio zalej je marynatą.
c) Rozłóż te płatki na arkuszu suszarki i przetwarzaj je w temperaturze 125 stopni przez 12 do 24 godzin. po zakończeniu odczekaj, aż ostygną, aby stały się odpowiednio chrupiące.

83. Papryka wegańska i nienadziewana

SKŁADNIKI:
- Suszony ryż; ½ szklanki
- Suszona zielona soczewica na zimno; ¼ szklanki
- Suszona papryka; ¼ szklanki
- Marchew; 1 łyżka; wysuszony
- Cukinia suszona; 1 łyżka
- Skóra sosu pomidorowego; 2 łyżki
- Woda do nawodnienia

INSTRUKCJE:
a) Odwodnij wstępnie ugotowany ryż.
b) Połącz wszystkie składniki i pozostaw wodę na 5 minut.
c) Na lekkim ogniu i gotuj przez minutę.
d) Wlać do izolującego pojemnika.
e) Pozwól usiąść na kolejne 20 minut lub nawet dłużej, jeśli masz czas.

84. Biszkopt pomidorowy

SKŁADNIKI:

- Oliwa z oliwek; 1 łyżka
- Żółta cebula; 1 średni
- Ząbki czosnku; 3 mielone
- Sól
- Wywar warzywny; 4 filiżanki
- Pomidory smażone na ogniu; 1 puszka 28 uncji.
- Suszone pomidory; ½ szklanki
- Surowe orzechy nerkowca; ½ szklanki
- Drożdże odżywcze; 2 łyżki
- Ocet balsamiczny; 1 łyżka
- Pieprz czarny mielony; ½ łyżeczki
- Julienned świeża bazylia; ½ szklanki

INSTRUKCJE:

a) W szybkowarze rozgrzej olej i ustaw funkcję smażenia.
b) Dodaj cebulę i czosnek, smaż do miękkości, zajmie to 5 minut i posyp solą. Kontynuuj gotowanie przez 10 minut, aż równomiernie się zarumieni i skarmelizuje.
c) Do wywaru warzywnego dodać oba rodzaje pomidorów, orzechy nerkowca, drożdże odżywcze, ocet i czarny pieprz. Gotuj pod ciśnieniem przez 8 minut i wypuść parę. Pozostawić do ostygnięcia i zmiksować w robocie kuchennym na gładkie puree.
d) Wylej go na silikonową siatkę wyłożoną tacą do suszenia i susz w temperaturze 135 stopni przez 8 do 10 godzin.

85. Sałatka z kuskusem i salsą mango

SKŁADNIKI:
- Kuskus; 1 filiżanka
- Woda; 1 ½ szklanki
- Suszone mango; 2/3 szklanki
- Gotowa salsa; ¾ szklanki
- Mielony kminek; 2 łyżeczki
- Curry w proszku; 1 łyżeczka

INSTRUKCJE:
a) Odwodnij mango i zagotuj je.
b) Wymieszaj kuskus, salsę, mango, kminek i curry.
c) Nałóż pokrywkę na wierzch i gotuj na małym ogniu, aż woda całkowicie się wchłonie.
d) Zdjąć z ognia i pozostawić do połączenia na 5 do 10 minut.

86. Pilaw z komosy ryżowej Mahallo Macadamia

SKŁADNIKI:

- Woda; 2 1/3 szklanki
- Torebki na herbatę z kwiatem hibiskusa; 6 suszone
- Mleko kokosowe; 1 puszka 14 uncji.
- Sól; ½ łyżeczki
- Przecier buraczany; ½ szklanki
- Surowa komosa ryżowa; 2 kubki
- Orzechy makadamia; 1 filiżanka
- Olej kokosowy; 1 łyżka
- Słodka cebula; 1
- Ząbki czosnku; 4
- Zmielony czarny pieprz; ¼ łyżeczki
- cebulka; 1 duży i pokrojony w cienkie plasterki

INSTRUKCJE:

a) Zagotuj herbatę z kwiatu hibiskusa w garnku, a następnie zdejmij z ognia. Pozostaw herbatę do zaparzenia na 30 minut, a następnie wyciśnij torebki z herbatą. Ponownie podgrzej garnek i dodaj mleko kokosowe, puree z buraków, sól.

b) Ponownie je zagotuj, a następnie dodaj komosę ryżową. Zmniejsz ogień na mały i pozwól mu się zagotować pod przykryciem. gotuj przez 20 minut lub do momentu, aż komosa ryżowa wchłonie płyn, a następnie wyłącz ogień.

c) Orzechy makadamia upraż oddzielnie na patelni i odłóż na bok. Rozgrzej olej i podsmaż pozostałe składniki. Wymieszaj je z orzechami i ugotowaną komosą ryżową. Mieszaj, aż się połączą.

d) Pozwól im ostygnąć i rozłóż je na tacy suszarki wyłożonej pergaminem. Suszyć je w temperaturze 145 stopni przez 8 godzin.

87. Surowe bułki Cinnamon

Zrób s : 3-5

SKŁADNIKI:
- 15 daktyli organicznych, bez pestek
- 4 duże dojrzałe banany organiczne
- 1/2 łyżeczki organicznego cynamonu
- Opcjonalnie: wanilia
- Opcjonalnie: dodatkowe przyprawy

Wskazówki
a) Banany pokroić pionowo na 3 części każdy.
b) Posyp banany cynamonem i umieść je w suszarce w temperaturze 115 stopni F na 6-8 godzin.
c) Dodaj wszystkie daktyle do wysokoobrotowego blendera z odrobiną cynamonu, opcjonalnie wanilią i wodą .
d) Gdy banany będą już gotowe do łamania i nie będą całkowicie suche, pokrój je w plasterki i posmaruj je karmelem.
e) Zwiń banana wraz z karmelem, tworząc rulon. W razie potrzeby posyp bułki większą ilością karmelu daktylowego. Posyp wierzch cynamonem.
f) Włóż ponownie do suszarki na 6 godzin, aż się ogrzeje.

88. Bułka tarta odwodniona

SKŁADNIKI:
- Kromki chleba

INSTRUKCJE:
a) Suszenie bułki tartej jest łatwe. Musisz wziąć stary chleb, położyć go na tacy suszarki i przetwarzać w temperaturze 125 stopni przez 4 godziny. Czas ten nie jest ustalony, należy je przetworzyć, aż staną się chrupiące.
b) Po prawidłowym wysuszeniu zmiel je w robotach kuchennych, aby zamienić je w okruchy.

89. Naleśniki z bananem i lnem

Na: 4 naleśniki

SKŁADNIKI:
- 1 szklanka puree bananowego, zapakowana (2 w całości)
- ½ szklanki mączki lnianej
- ½ szklanki wody lub według potrzeby

INSTRUKCJE
a) Umieść banana na dnie wysokoobrotowego blendera. Dodaj mąkę lnianą i wodę i mieszaj, aż masa będzie gładka.
b) Rozłóż mieszaninę równomiernie na wyłożonej wykładziną tacy odwadniacza o powierzchni 14 cali.
c) Suszyć przez 4 do 6 godzin w temperaturze 104°F lub do całkowitego wyschnięcia.

90. Suszony dynia zimowa

SKŁADNIKI:
- Dynia

INSTRUKCJE:
a) Dynię pokroić w plasterki, usunąć nasiona i skórkę.
b) Umieść je na tacy suszarki i susz przez 10 do 12 godzin w temperaturze 125 stopni.

91. Naleśniki Jabłkowe

Ilość: 4 OPAKOWANIA

SKŁADNIKI:
- 1 szklanka wydrążonego i pokrojonego w kostkę jabłka
- ½ szklanki mączki lnianej
- 2 łyżki syropu z agawy
- ½ szklanki wody lub według potrzeby

INSTRUKCJE
a) Umieść jabłka na dnie wysokoobrotowego blendera. Dodaj siemię lniane, agawę i wodę. Mieszaj, aż będzie gładka.
b) Rozłóż mieszaninę równomiernie na wyłożonej wykładziną tacy odwadniacza o powierzchni 14 cali.
c) Suszyć przez 4 do 6 godzin w temperaturze 104°F lub do całkowitego wyschnięcia. Możesz także odwrócić naleśniki, zdjąć warstwę wewnętrzną i odwodnić przez kolejne kilka godzin, aż do wyschnięcia.

92. Brazylijskie Naleśniki Orzechowo-Bananowe

Na: 6 NALEŚNIKÓW

SKŁADNIKI:
- 2 szklanki puree bananowego, zapakowane (3 w całości)
- 1 szklanka orzechów brazylijskich, przetworzonych na proszek
- 1 szklanka mączki lnianej
- 2 łyżeczki mielonego cynamonu
- 1 szklanka przefiltrowanej wody lub w razie potrzeby

INSTRUKCJE

a) Umieść banana na dnie wysokoobrotowego blendera. Dodaj przetworzone orzechy brazylijskie, mączkę lnianą, cynamon i wodę. Mieszaj, aż będzie gładka.
b) Nałóż ½ szklanki mieszanki na sześć krążków na dwóch wyłożonych 14-calowymi kwadratowymi tacach do suszenia (cztery na jednej tacy, pozostałe dwa na drugiej tacy). Rozsmaruj w formie naleśników.
c) Suszyć przez 5 do 7 godzin w temperaturze 104°F. Odwróć, zdejmij podszewkę Paraflexx i susz przez kolejne 2 do 4 godzin, do pożądanej konsystencji.
d) Podawać z ulubionym dżemem, sosem lub syropem.

93. Quiche ze szpinakiem

Ilość: 4 porcje

SKŁADNIKI:
- 1 przepis Ciasto na quiche, suszone zgodnie z zaleceniami
- 1 szklanka pokrojonej żółtej cebuli
- 1 łyżeczka Nama Shoyu lub Bragg Liquid Aminos
- 2 łyżeczki czosnku (2 ząbki)
- 1 łyżeczka soli morskiej
- 2 szklanki nasion słonecznika
- ¼ szklanki soku z cytryny (z 2 cytryn)
- W razie potrzeby od ½ do ¾ szklanki przefiltrowanej wody
- 3 szklanki szpinaku, dobrze umytego i szczelnie zapakowanego

INSTRUKCJE
a) Najpierw włóż cebulę do miski z Nama Shoyu i marynuj przez co najmniej 20 minut, aby zmiękła.
b) Umieść czosnek i sól w robocie kuchennym i posiekaj czosnek na małe kawałki. Dodaj nasiona słonecznika; przetworzyć na małe kawałki. W razie potrzeby dodać sok z cytryny i wodę, aby uzyskać gęstą konsystencję przypominającą twarożek.
c) Dodać cebulę z marynatą i szpinak; lekko pulsuj, aby wymieszać nadzienie. Nałóż na spód quiche.
d) Suszyć przez 2 do 4 godzin w temperaturze 104°F i podawać na ciepło.

94. Quiche szparagowo-grzybowe

Ilość: 4 porcje

SKŁADNIKI:
- 1 przepis Ciasto na quiche, suszone zgodnie z zaleceniami
- 2 łyżeczki czosnku (2 ząbki)
- 1 łyżeczka soli morskiej
- 2 szklanki nerkowców
- ¼ szklanki soku z cytryny (z 2 cytryn)
- W razie potrzeby od ½ do ¾ szklanki przefiltrowanej wody
- 1 szklanka pokrojonych w cienkie plasterki i posiekanych szparagów
- 2 szklanki pokrojonych w plasterki grzybów (dowolnego rodzaju)

INSTRUKCJE
a) Umieść czosnek i sól w robocie kuchennym i posiekaj czosnek na małe kawałki.
b) Dodaj orzechy nerkowca; przetworzyć na małe kawałki. W razie potrzeby dodać sok z cytryny i wodę, aby uzyskać gęstą konsystencję przypominającą twarożek.
c) Dodaj szparagi i grzyby; lekko pulsuj, aby wymieszać nadzienie. Nałóż na spód quiche.
d) Suszyć przez 2 do 4 godzin w temperaturze 104°F i podawać na ciepło.

95. Quiche Brokułowo-Cheddar Z Bekonem Kokosowym

Ilość: 4 porcje

SKŁADNIKI:
- 1 przepis Ciasto na quiche, suszone zgodnie z zaleceniami
- 2 łyżeczki czosnku (2 ząbki)
- 1 łyżeczka soli morskiej
- 2 łyżeczki kurkumy dla koloru (opcjonalnie)
- 2 szklanki nasion słonecznika
- ¼ szklanki soku z cytryny (z 2 cytryn)
- W razie potrzeby od ½ do ¾ szklanki przefiltrowanej wody
- 1 szklanka różyczek brokułów, podzielonych na małe kawałki
- 2 szklanki posiekanego boczku kokosowego lub boczku z bakłażana

INSTRUKCJE
a) Umieść czosnek, sól i kurkumę (jeśli używasz) w robocie kuchennym i posiekaj czosnek na małe kawałki. Dodaj nasiona słonecznika; przetworzyć na małe kawałki. W razie potrzeby dodać sok z cytryny i wodę, aby uzyskać gęstą konsystencję przypominającą twarożek.
b) Dodać brokuły i lekko zmiksować, aby wymieszać nadzienie. Nałóż na spód quiche. Posypać kawałkami boczku kokosowego.

96. Ciastka Gryczane

Ilość: 4 porcje

SKŁADNIKI:
- 2 szklanki chrupek gryczanych
- ¼ szklanki złotego siemienia lnianego
- ¼ szklanki oliwy z oliwek
- 1 łyżeczka soli morskiej
- 1 ½ szklanki przefiltrowanej wody

INSTRUKCJE
a) Zmiel chrupki gryczane na proszek, a następnie włóż do robota kuchennego. Następnie zmiel siemię lniane na proszek i dodaj do robota kuchennego. Dodaj olej i sól; proces, aby dobrze wymieszać. Dodać wodę i wyrobić na gęste ciasto.
b) Rozłóż ciasto na kształty ciasteczek o wielkości 1/3 szklanki (powinieneś być w stanie zrobić dziesięć) na wyłożonej 14-calową kwadratową tacą do suszenia. Suszyć przez 8 do 10 godzin w temperaturze 104°F.
c) Odwróć i susz przez kolejne 2 do 4 godzin lub do uzyskania pożądanej konsystencji. Chcesz, aby ciastka miały skórkę na zewnątrz i były miękkie, ale nie papkowate w środku.
d) Można przechowywać 1 dzień w temperaturze pokojowej w brązowej torbie. Można przechowywać w lodówce przez kilka dni lub zamrozić, ale ciastka stracą chrupiącą skórkę.

97. Kalamata Oliwkowe Crostini

Ilość: 9 porcji

SKŁADNIKI:
- ½ szklanki suszonej kaszy gryczanej
- 1 szklanka posiekanego selera
- 1 szklanka mączki lnianej
- 1 ½ szklanki przefiltrowanej wody
- ½ szklanki pozbawionych pestek i posiekanych oliwek kalamata

INSTRUKCJE

a) Kaszę gryczaną zmielić na proszek, następnie umieścić w wysokoobrotowym blenderze. Dodać seler, mączkę lnianą i wodę. Mieszaj, aż będzie gładka. Dodaj oliwki jako ostatnie; lekko pulsuj, aby wymieszać je z ciastem.

b) Rozłóż ciasto równomiernie na wyłożonej 14-calową kwadratową tacą odwadniacza. Suszyć przez 6 do 8 godzin w temperaturze 104°F. Przełóż na blachę, odklej warstwę ochronną i podziel na dziewięć kwadratów. Natnij każdy kawałek po przekątnej, aby otrzymać w sumie osiemnaście małych trójkątnych tostów. Suszyć przez kolejne 4 do 6 godzin, aż do wyschnięcia.

WARZYWA

c) Gotowanie żywności powoduje wyparowanie dużej części wody zawartej w żywności. W ten sam sposób odwodnienie jest jednym ze sposobów „gotowania" warzyw w surowej żywności.

d) Lekkie odwodnienie pomoże zmiękczyć twarde warzywa, takie jak szparagi, a czerwona papryka i cebula więdną, pozbawiając ich chrupkości.

e) Z drugiej strony suszenie przez dłuższy czas usuwa całą wilgoć, tworząc lekką, chrupiącą konsystencję. Pokrycie warzyw oliwą z oliwek pomoże je zmiękczyć, jednocześnie spowalniając szybkość i całkowitą utratę wody w suszarce.

98. „Smażone" krążki cebuli w panierce gryczanej

Ilość: 4 porcje

SKŁADNIKI:
- 4 szklanki pokrojonej w cienkie plasterki słodkiej cebuli
- 3 łyżki oliwy z oliwek extra virgin
- 2 łyżki przefiltrowanej wody
- 1 przepis Podstawowe ciasto gryczane

INSTRUKCJE
a) Przygotuj cebulę, wrzucając ją na olej i wodę. Następnie zanurz cebulę w podstawowym cieście gryczanym, aby dobrze ją pokryła.
b) Delikatnie umieść cebulę w jednej warstwie na dwóch wyłożonych 14-calowymi kwadratowych tacach suszarki i susz w temperaturze 104°F przez 4 do 6 godzin lub do całkowitego wyschnięcia i chrupkości.

99. Panierowane Paluszki Cukiniowe

Ilość: 4 porcje

SKŁADNIKI:
- 3 cukinie, pokrojone jak frytki
- 3 łyżki oliwy z oliwek extra virgin
- 2 łyżki przefiltrowanej wody
- 1 przepis Podstawowe ciasto gryczane

INSTRUKCJE
a) Przygotuj cukinię, wrzucając ją na olej i wodę. Następnie zanurz w podstawowym cieście gryczanym, aby dobrze je pokryło.
b) Delikatnie ułóż paluszki cukinii w jednej warstwie na dwóch wyłożonych tacami do suszenia o powierzchni 14 cali kwadratowych i susz w temperaturze 104°F przez 5 do 7 godzin lub do momentu, aż zewnętrzna część będzie sucha i chrupiąca.

100. „Pieczona" papryka

Ilość: 4 porcje

SKŁADNIKI:
- 4 szklanki pozbawionej nasion i pokrojonej w plasterki czerwonej papryki
- ½ szklanki oliwy z oliwek z pierwszego tłoczenia
- 1 łyżeczka mielonego czosnku

INSTRUKCJE
a) Paprykę wymieszać z oliwą i czosnkiem, dobrze wymieszać.
b) Delikatnie umieść paprykę w jednej warstwie na dwóch wyłożonych 14-calowymi kwadratowych tacach do suszenia i susz w temperaturze 30°F przez 3 do 5 godzin lub do miękkości. Uważaj, aby nie przesuszyć, paprykę chcesz po prostu zmiękczyć.
c) Jeśli pozostawimy je do wyschnięcia zbyt długo, skurczą się i staną się chrupiące. Jeśli tak się stanie, świetnie sprawdzą się jako kolorowa posypka do zup i sałatek.

WNIOSEK

Kończąc naszą podróż po „Księdze przepisów na najlepsze suszarki" mamy nadzieję, że jesteś pełen inspiracji i entuzjazmu dla świata produktów suszonych. Nauczyłeś się, jak zachować esencję owoców, warzyw i nie tylko, jednocześnie intensyfikując ich smak. Twoja spiżarnia jest teraz skarbnicą możliwości, gotową wzbogacić codzienne gotowanie i przekąski.

Pamiętaj, że odwadnianie to nie tylko wygoda; to sztuka kulinarna, która pozwala tworzyć naturalne, bogate w składniki odżywcze przysmaki. Twoja suszarka to potężne narzędzie, które otwiera świat smaków, tekstur i smaków. Od chrupiących chipsów z jarmużu po bogatą i wędzoną suszoną paprykę – Twoje możliwości są tak ogromne, jak Twoja wyobraźnia.

Zachęcamy Cię do dalszego eksperymentowania, dzielenia się suszonymi kreacjami z przyjaciółmi i rodziną oraz uczynienia tych technik integralną częścią Twojej kulinarnej podróży. Mamy nadzieję, że ożywiając swoją spiżarnię owocami swojej odwadniającej pracy, będziesz delektować się każdą chwilą w kuchni i każdym kęsem swoich suszonych przysmaków. Miłego odwadniania!

www.ingramcontent.com/pod-product-compliance
Lightning Source LLC
Chambersburg PA
CBHW071910110526
44591CB00011B/1627